EXPOSITION UNIVERSELLE INTERNATIONALE DE 1900

A PARIS

---

GROUPE DE L'ÉCONOMIE SOCIALE

---

# RAPPORT

## AU NOM DU JURY DE LA CLASSE 106

PAR

## M. Maurice LEBON

---

PARIS

SOCIÉTÉ FRANÇAISE DES HABITATIONS A BON MARCHÉ

15, Rue de la Ville-l'Évêque, 15

1900

EXPOSITION UNIVERSELLE INTERNATIONALE DE 1900
A PARIS

GROUPE DE L'ÉCONOMIE SOCIALE

# RAPPORT

AU NOM DU JURY DE LA CLASSE 106

PAR

M. Maurice LEBON

PARIS

SOCIÉTÉ FRANÇAISE DES HABITATIONS A BON MARCHÉ
15, Rue de la Ville-l'Évêque, 15
1900

8° R

# TABLE DES MATIÈRES

Avant-propos et divisions du rapport. . . . . . . . . . . . . . . 5

I. — Progrès réalisés depuis 1889 . . . . . . . . . . . . . . . . 7

    1° États, villes, administrations publiques. . . . . . . . . . . 17

    2° Œuvres patronales de constructions ouvrières . . . . . . . 25

    3° Sociétés philanthropiques ou commerciales de constructions
      ouvrières. . . . . . . . . . . . . . . . . . . . . . . . . . . 42

    4° Sociétés de propagande de l'œuvre des habitations à bon
      marché. . . . . . . . . . . . . . . . . . . . . . . . . . . 57

    5° Travaux de propagande individuelle en faveur du dévelop-
      ment des habitations à bon marché. . . . . . . . . . . 60

    6° Collaborateurs . . . . . . . . . . . . . . . . . . . . . . . 64

II. — Le logement ouvrier a la fin du XIXᵉ siècle. . . . . . . . . . 66

III. — Conclusions. . . . . . . . . . . . . . . . . . . . . . . . . 73

    Annexe I. — Tableau des récompenses décernées à chaque nation. 77

    Annexe II. — Liste des récompenses décernées aux collaborateurs. 78

# RAPPORT

## FAIT AU NOM DU JURY DE LA CLASSE 106

PAR

## M. Maurice LEBON

---

### AVANT-PROPOS — DIVISIONS DU RAPPORT

L'article 86 du règlement général de l'Exposition a nettement précisé le but que nous devons essayer d'atteindre dans le travail qui nous a été confié par l'excessive bienveillance de nos collègues du Jury de la classe 106.

« Chacun des rapporteurs du jury de classe devra, dit cet article, remettre au Commissaire général un rapport signalant les faits principaux constatés par le jury, relatant les progrès accomplis depuis 1889 et mettant en lumière la situation générale de la production à la fin du xixe siècle. »

Quand il s'agit d'habitations ouvrières, notre tâche consiste donc à rechercher si l'exposition de la classe 106 a permis de constater des progrès réalisés depuis 1889 et à établir, dans la mesure du possible, quels sont à la fin de ce siècle l'état actuel et les conditions des logements ouvriers.

Ce n'est pas d'hier que des âmes généreuses et des philanthropes se sont préoccupés de la solution de ce douloureux problème, et, en France comme à l'étranger, nombreux sont ceux qui ont attaché leur nom à cette question, rendue encore plus aiguë par le développement même du progrès et de la civilisation ; les transformations de l'industrie, si rapides et si profondes dans ce siècle, ont amené des agglomérations nombreuses dans des centres urbains, déjà surchargés de population, ou par contraste, dans des centres nouveaux où tout était à créer et où l'initiative individuelle ne suivait pas les développements du progrès industriel ; de là, au point de vue de l'habitation des classes ouvrières, des conséquences profondément regrettables.

Nul n'a mieux montré toute l'importance et toute la grandeur de l'œuvre, dont l'exposition de la classe 106 est la résultante, que Jules Simon dans les paroles suivantes reproduites au préambule du *Catalogue officiel* :

« Je regarde l'œuvre des habitations à bon marché, comme la plus belle que l'on puisse entreprendre ; je la mets sur le rang du sauvetage de l'enfance moralement abandonnée et de la mutualité maternelle. Il s'agit partout de reconstituer la famille... Nous disons à l'ouvrier qui travaille, qui se livre à un rude métier : « Restez » chez vous après la journée ; allez vous reposer dans votre inté- » rieur. » Mais quel est cet intérieur ? Quelle est cette chambre étroite où l'air ne circule pas, où le jour manque, où l'on entre étouffé par la fumée, poursuivi par de mauvaises odeurs, où toute la famille, père, mère, enfants de sexes différents, sains et malades, grands et petits, grouillent ensemble dans une promiscuité dange- reuse pour la santé et pour les mœurs ? Ce pauvre homme épuisé, haletant, qui a besoin d'un peu de gaieté autour de lui, en trouvant cette saleté, cette puanteur, et, dans cette atmosphère, des êtres déguenillés, affamés, n'a-t il pas le droit de se plaindre à Dieu et aux hommes de la part qui lui est faite ? S'il se laisse tenter par le cabaret, par le bien-être et par la grosse gaieté qu'on y trouve, il est coupable sans doute ; mais n'a-t-il pas une excuse ? Vous, mes chers amis, vous leur dites : « Quittez les joies du cabaret, plus » tristes que la vie de ménage ; » vous leur donnez à bon marché un logement agréable, où la ménagère trouve une cuisine avec évier, où les portes ferment bien, où elle a une chambre à part pour ses filles, ou la propreté semble si naturelle, qu'on oublie, en la voyant, les tanières ou vivaient autrefois les pauvres. »

Ces magistrales paroles, qui avaient leur place marquée au début de ce rapport, suffisent à elles seules, sans qu'il soit besoin d'y rien ajouter, à indiquer tout le haut intérêt de l'examen auquel le jury de la classe 106 a eu à se livrer et nous permettent d'aborder immédiatement les deux questions qui se sont imposées à son atten- tion.

I. Y a-t-il eu des progrès réalisés depuis 1889 ?

II. Quels sont à la fin de ce siècle l'état actuel et les conditions des logements ouvriers ?

# PROGRÈS
## RÉALISÉS DEPUIS 1889

Pour répondre à cette question, la première chose à faire c'est de se bien rendre compte de la situation des habitations ouvrières telle qu'elle a été constatée en 1889 ; et cela nous est facile ; car, à l'Exposition de 1889, la classe des habitations ouvrières a eu deux éminents rapporteurs, qualifiés tous les deux pour nous retracer de main de maître le tableau de l'œuvre accomplie et aussi de celle restant à accomplir, M. Georges Picot, rapporteur de la classe des habitations ouvrières, et l'illustre Léon Say, rapporteur général du groupe de l'économie sociale.

Il nous faut donc d'abord analyser rapidement ces deux rapports, en nous bornant, bien entendu, à en faire ressortir les points les plus saillants.

M. Léon Say, après le rapporteur spécial M. Georges Picot, signalait le mouvement qui avait pris depuis quelque temps en Europe un si merveilleux développement, et qui devait aboutir à doter, dans un avenir rapproché, les travailleurs des grandes villes et les ouvriers des grandes usines, d'habitations saines et à bon marché.

Après avoir rappelé que les ouvriers des mines ont, les premiers, attiré l'attention ; que, dès 1810, M. Georges Legrand à Hornue; dès 1838, la Société de Marcinelle et Couillet avaient construit des logements pour leurs employés; que cet exemple avait été suivi, en 1834, en France, par la Société des mines de Blanzy; il ajoutait que c'est plus tard, sous l'influence du prince Albert, en Angleterre, et de Jean Dollfus, à Mulhouse que s'est produit un véritable mouvement en faveur de la réforme des habitations ouvrières.

Son attention s'attachait plus particulièrement à deux œuvres dont les principes dirigeants lui paraissaient mériter l'approbation et pouvoir servir d'exemples à d'autres.

Parlant de la Société édificatrice de Maisons ouvrières de Milan, il disait : « C'est un mouvement parti de l'initiative de ceux qui veulent se loger. Ils forment des sociétés immobilières facilitant à leurs actionnaires l'acquisition de petites maisons. La Société mila-

naise a donné l'impulsion à cette combinaison, non seulement dans
le nord de la péninsule, mais dans toute l'Italie, où de 1883 à 1889
il s'est formé plus de soixante-neuf sociétés de ce genre, composées
de plus de 9.000 actionnaires et possédant un capital de plus de
20 millions de francs. Les sociétés dont je parle font déjà beaucoup
de bien et peuvent en faire encore plus dans l'avenir et sous toutes
sortes de formes. Il peut paraître contradictoire de parler du bien
que font les sociétés immobilières en rendant les ouvriers propriétaires, après avoir constaté que les sociétés patronales, philantropiques et autres ont eu raison d'abandonner le système de vente
par annuités de leurs maisons ouvrières. C'est que, dans les questions
sociales, la contradiction apparaît à chaque pas, par la raison que
des solutions différentes, opposées, contradictoires même, sont nécessaires pour pourvoir à des nécessités qui paraissent identiques mais
qui ne le sont pas, par l'unique raison qu'elles naissent de situations
ou de sentiments divers.

« Un ouvrier ne peut pas utilement devenir propriétaire sans
qu'il s'ensuive pour lui beaucoup de difficultés intérieures. La conséquence à en tirer n'est pas que l'accès de la propriété doive lui être
interdit, mais qu'il faut absolument que son initiative demeure
entière afin de ne pouvoir jamais faire tomber, ni sur une personne
autre que lui, ni sur une action étrangère quelconque, la responsabilité de la résolution qu'il aura prise. »

L'Angleterre lui fournissait le second exemple : « Les sociétés de
maisons ouvrières qui ont eu le plus de succès sont justement des
sociétés fondées pour l'acquisition, par les ouvriers, de petites habitations de famille. Il y a, en effet, toute une catégorie d'institutions
immobilières qu'on appelle les *Building Societies*, qui se sont répan-
dues dans le pays. On en compte plus de 2.000 dans le nord de
l'Angleterre avec plus de 500.000 membres actifs et un capital
dépassant un milliard de francs. Ce sont de véritables caisses d'épargne
dont les dépôts ne sont retirés que pour être employés à faire le premier versement sur le prix d'acquisition d'une maison. Tant que le
déposant est en cours de cotisation et que son avoir n'a pas atteint
un montant déterminé, il reste un simple prêteur et son petit fonds
s'accroît des intérêts des prêts hypothécaires consentis sur son
argent par la *Building Society* à d'autres sociétaires. Quand il possède
à son compte de quoi faire le premier versement d'une petite maison, il transforme son dépôt en une maison dont il devient propriétaire, dont il doit le reste du prix emprunté par lui à la Société
sur les dépôts en formation des membres de la Société, moins avan-

cés que lui dans leur épargne. C'est un type parfait de caisse d'épargne immobilière ».

A ces exemples tirés de la pratique même il faut ajouter l'exposé de quelques principes fondamentaux posés par Léon Say comme indiscutables dans la matière.

« L'affaire, disait-il, doit se suffire à elle-même. La bonne affaire, le bon placement, au contraire, assurera le succès de centaines et de milliers de constructions ouvrières et permettra de rendre à la classe entière des travailleurs le service de la loger sainement et à bon compte, de lui assurer l'incomparable satisfaction du foyer domestique. Seule l'affaire entraînera les capitaux sans limite pour ainsi dire, c'est-à-dire jusqu'au bout des besoins qui se révéleront. La charité, la subvention ont des bornes; le bon placement n'a pas de bornes; il appelle l'infinité des capitaux. Or le bon placement est possible. Un grand nombre d'essais de ce genre ont été tentés et ont réussi. La conclusion du rapporteur spécial est que, pour résoudre la question des logements ouvriers, il faut renoncer à demander des secours d'argent au budget de l'État ou à celui des communes, qu'il faut bien s'en garder. au contraire. L'immixtion des pouvoirs publics dans les opérations immobilières de ce genre constituerait une concurrence dont la conséquence serait d'arrêter les entreprises particulières et réendormirait l'initiative privée qui se manifeste aujourd'hui de toutes parts. A l'État on doit demander de préparer des lois de protection et de liberté, aux particuliers industriels ou autres de remplir leur devoir social, non pas en faisant aux ouvriers mal logés la charité d'une habitation, mais en leur offrant des combinaisons honorables au moyen desquelles, sans que ni les uns ni les autres aient rien sacrifié de leurs intérêts, il puisse s'établir entre eux des rapports de cordialité et de paix. »

Comme on vient de le voir, Léon Say s'était rallié aux conclusions du rapporteur spécial, M. Georges Picot, dont le travail magistral avait examiné sous toutes ses faces le problème si émouvant des habitations ouvrières. Examinant d'abord d'une manière générale les conditions de l'habitation humaine, M. Georges Picot faisait observer que l'habitation collective, c'est-à-dire l'existence sous un même toit de deux ou plusieurs familles étrangères l'une à l'autre, est une innovation assez récente due à des circonstances spéciales et que réprouvent les mœurs. »

L'habitant de la petite ville possède son foyer indépendant. C'est dans les grandes agglomérations qu'est né le problème terrible de l'habitation, tel qu'il s'impose à notre étude.

M. Georges Picot précise ensuite les causes de cet encombrement que nous avons déjà indiquées :

1° La création de la grande industrie exigeant un nombre considérable de bras et les rassemblant sur un même point ;

2° L'accroissement incessant des agglomérations urbaines.

« Lorsque, dit-il, dans des régions jusque-là toutes rurales se fonde une vaste usine et que tout d'un coup 200, 500 ou 1000 ouvriers sont attirés par l'industrie nouvelle, il se produit dans les villages voisins une immigration qui modifie les conditions du logement. Les ouvriers célibataires louent une chambre dans des maisons de paysans, diminuant la quantité d'air, introduisant un étranger dans la famille et modifiant peu à peu les mœurs intimes au détriment de la paix. Celui qui a des capitaux peut y construire des maisons à étages ; il sera certain de les louer. Visitez la commune quelques années après la fondation de l'usine ; si le chef d'industrie n'y a pas pourvu, vous découvrirez des logements sordides loués à des prix exagérés ; peu d'air pour chaque habitant, peu d'espace et une exploitation irritante des besoins de l'ouvrier. Tout aussi graves sont les conséquences de l'immigration dans les villes. Dès que la ville s'étend, il se produit un phénomène inévitable ; le commerce étant plus fructueux au centre de la ville, les habitants s'y pressent ; chacun veut s'y établir. Il est permis d'affirmer que la force d'attraction qui agit sur les habitants est en raison directe de l'étendue et de la population d'une ville. L'ouvrier veut être près de son travail, le commis près de son bureau. « Le temps est de l'argent » répète chacun d'entre eux ; loger près de ses affaires, c'est une économie de temps et de peine. Tous se pressent pour trouver sur le même point le toit qui les abritera ; point de chambre, on prendra un cabinet ; point de cabinet, on se contentera d'un réduit. De là ces maisons à étages, l'une des plus singulières créations qu'ait entraînées le goût de vivre au centre des villes.

» L'entassement humain est donc un fait relativement récent. Avec la création de la grande industrie et le développement des villes, il a pris un caractère très alarmant. Nos pères ne connaissaient pas ce péril ; il est devenu un des plus dangereux parce qu'il porte atteinte au principe même de la famille. »

Examinant ensuite pourquoi la concurrence ne fait pas baisser les prix, M. Georges Picot constate « qu'en fait la plupart des ouvriers sont locataires de logeurs d'assez basse condition qui en font leur métier, et certes c'est de toutes les professions la plus lucrative. Le propriétaire qui se respecte ne lui fait point concurrence ; la perception des loyers est souvent difficile ; elle lui répugne et, pour s'épargner les ennuis, il cède l'immeuble à un locataire principal. Ce personnage multiplie les persécutions. Tout ce que le propriétaire n'oserait accomplir, il le fait pour pressurer le locataire. De là, dans la classe ouvrière, des irritations terribles dont nous ne pouvons mesurer les suites. Tel est l'état de choses auquel, disait M. Georges Picot, il est indispensable de trouver un remède.

Selon ses mœurs, chaque nation adopte un système ; mais, dans l'état de la société humaine, aucune fraction du monde civilisé n'est disposé à se désintéresser de la question ; initiative de l'ouvrier construisant sa demeure près de l'usine ou aux environs de la grande ville ; initiative du patron ou d'une société de construction ; intervention de la commune ou de l'État : voilà les instruments plus ou moins flexibles, plus ou moins féconds ou redoutables, d'une réforme nécessaire.

Examinant alors les œuvres mêmes des exposants, réunis au nombre de 86, appartenant à d'assez nombreuses nationalités mais où, avec la France, l'Angleterre et la Belgique étaient seules largement représentées, M. Georges Picot rencontrait dans une mesure quelconque tous les instruments de progrès auxquels il venait de faire allusion :

1° Maisons individuelles avec jardins ;

2° Maisons spécialement affectées aux ouvriers d'une industrie ;

3° Sociétés commerciales ou philanthropiques élevant des petites maisons pour les vendre ;

4° Sociétés commerciales ou philantropiques construisant des petites maisons pour les louer ;

5° Sociétés facilitant à leurs actionnaires l'acquisition de petites maisons ;

6° Maisons construites par les ouvriers suivant leur préférence grâce à des avances patronales ;

7° Maisons collectives dans l'intérieur des villes.

Il rendait un juste hommage aux plus méritantes de ces œuvres ; il appréciait les plus modestes avec cette bienveillance qu'on doit toujours aux efforts désintéressés de l'initiative privée ; mais certes sa pensée ne dissimulait pas combien ce qui avait été déjà fait était peu de chose en comparaison de l'œuvre immense à accomplir ; car elle se traduisait par cette conclusion d'une éloquente clarté :

« L'heure était venue de faire un effort décisif en vue de transformer dans nos grandes agglomérations les habitations à bon marché. L'Exposition peut servir de point de départ à ce mouvement, si la France sait profiter de la comparaison la plus féconde qu'il lui ait été donné de faire. »

Voyons maintenant, par l'examen des œuvres exposées dans la classe 106 de l'Exposition de 1900, par les manifestations diverses se rapportant à la question des habitations ouvrières dont elle a été l'occasion comme le Congrès international qui s'est ouvert le 28 juin dernier au Palais de l'Économie sociale ; enfin, par l'œuvre législative, qui s'est accomplie dans les dix dernières années de ce siècle, voyons dans quelle mesure le vœu du rapporteur de 1889 s'est réalisé.

## ŒUVRES EXPOSÉES DANS LA CLASSE 106

L'Exposition de la classe 106 comprenait 271 exposants : nous sommes loin, comme on le voit, des 86 de l'Exposition de 1889. Les nationalités représentées étaient au nombre de 17 ; un tableau annexé à ce rapport *(page 77)* permettra de se rendre compte d'un seul coup d'œil du nombre respectif de leurs exposants et des récompenses qu'elles ont obtenues ; nous le résumons ici. La France avec 91 exposants a eu 79 récompenses, dont 6 grands-prix, 32 médailles d'or, 24 médailles d'argent, 9 de bronze, 8 mentions honorables.

L'Allemagne avec 55 exposants a eu 46 récompenses, dont 6 grands-prix, 6 médailles d'or, 12 médailles d'argent, 8 de bronze et 14 mentions honorables.

L'Autriche avec 3 exposants a eu 1 récompense : 1 médaille d'or.

La Belgique avec 11 exposants a eu 9 récompenses, dont 2 Grands Prix, 4 médailles d'or, 1 médaille d'argent, 1 médaille de bronze, 1 mention honorable.

Le Danemark avec 1 exposant a eu 1 récompense : 1 Grand Prix.

Les États-Unis avec 13 exposants ont eu 9 récompenses, dont 2 Grands Prix, 3 médailles d'or, 1 médaille d'argent, 2 médailles de bronze, 1 mention honorable.

La Grande-Bretagne avec 4 exposants a eu 4 récompenses, dont 1 grand prix, 1 médaille d'or, 1 médaille de bronze, 1 mention honorable.

La Hongrie avec 6 exposants a eu 6 récompenses, dont 3 médailles d'or, 2 médailles d'argent, 1 médaille de bronze.

L'Italie avec 4 exposants a eu 3 récompenses, dont 2 médailles d'argent, 1 mention honorable.

Les Pays-Bas avec 2 exposants ont eu 1 récompense : 1 médaille d'or.

La Roumanie avec 1 exposant a eu 1 récompense : 1 médaille d'argent.

La Russie avec 70 exposants a eu 41 récompenses, dont 2 Grands Prix, 10 médailles d'or, 9 médailles d'argent, 10 médailles de bronze, 10 mentions honorables.

La Suède avec 3 exposants a eu 2 récompenses : 1 médaille d'or, 1 médaille d'argent.

La Suisse avec 1 exposant a eu 1 récompense : 1 médaille d'or.

A un autre point de vue que celui des nationalités, les exposants pouvaient généralement se répartir dans les cinq catégories suivantes :

1º États, villes, administrations publiques ;

2º Œuvres patronales de constructions ouvrières ;

3º Sociétés philanthropiques ou commerciales de constructions ouvrières ;

4º Sociétés de propagande de l'Œuvre des habitations à bon marché ;

5º Travaux de propagande individuelle en faveur du développement des habitations à bon marché.

Avant de justifier, dans chacune de ces catégories, les propositions de récompenses que le Jury de classe avait cru devoir présenter au Jury supérieur et que celui-ci a bien voulu ratifier, on nous permettra un mot sur les exposants hors concours.

Bien que d'après les déclarations de M. le Commissaire général, l'article 89 du règlement ne fut pas applicable au groupe de l'Économie sociale, il a semblé convenable aux membres du bureau du Jury de ne point soumettre au verdict de leurs collègues soit leurs œuvres personnelles, soit les œuvres des Sociétés dont ils étaient les représentants directs ; par suite de cette décision, M. Sonnens, vice-président du Jury de la classe 106, dont les travaux juridiques sur les habitations ouvrières en Belgique ont acquis une légitime notoriété, n'a pu soumettre à ses collègues le résultat de ses intéressantes études.

Pour un motif analogue, M. Émile Chevalier, député, membre du Jury dans le groupe de l'Économie sociale, a vu la même mesure appliquée à l'instructif tableau qu'il avait exposé représentant des habitations rurales.

MM. Larivière et Cie, à Angers, membres du Jury dans un autre groupe que celui de l'Économie sociale, ont manifesté leur désir de bénéficier de l'article 89 qui n'était pas obligatoire pour eux en ce qui concernait leur exposition de cités ouvrières ; le Jury a accédé à leur désir en les déclarant hors concours. Cette même mesure a encore atteint quatre Sociétés philanthropiques, dont les présidents ou administrateurs délégués se trouvaient être justement le président du Jury de la classe 106, le secrétaire et le rapporteur ; il paraîtra cependant naturel que ce rapport mentionne leur rôle et les services qu'elles ont pu rendre.

*Société de Crédit des habitations à bon marché (H. C.).* — Fondée il y a un peu plus d'un an pour servir d'intermédiaire entre les Sociétés locales de construction et la Caisse des Dépôts et Consignations, elle répondait à un véritable besoin et elle est appelée à rendre d'éminents services. Grâce à la libéralité de la Caisse des Dépôts et Consignations, qui a tenu à s'associer à son œuvre toute philanthropique, la Société de Crédit, dont le siège est à Paris et dont le président est M. Jules Siegfried, est en mesure de prendre au taux de 3 0/0 les obligations négociables des Sociétés locales de construction. Un certain nombre d'entre elles ont déjà profité de cet avantage, et le rapport de cette Société, qui a été lu à l'assemblée générale annuelle du 26 mars dernier, montre que les opérations de la première année d'exercice se sont élevées à 800.000 francs environ. Il ressort de son bilan à cette date que la Société a été en mesure de donner un intérêt de 3 0/0 à ses actionnaires et qu'elle est en plein fonctionnement. Par les facilités qu'elle peut accorder en faisant des avances au taux de 3 0/0, elle verra sans aucun doute les demandes affluer et son rôle aller toujours grandissant.

*Société Havraise des cités ouvrières (H. C.).* — Son histoire, qui est celle d'une des premières Sociétés d'habitations à bon marché qui aient été fondées en France, ne saurait être trop connue. Fondée le 26 novembre 1870, par MM. Jules Siegfried, Frédéric Mallet et un certain nombre de négociants ayant le désir de faire une œuvre utile à la population ouvrière, elle avait pour but :

1° La construction, au Havre et dans son rayon, de maisons d'ouvriers, ayant chacune, autant que possible, une cour et un jardin, à l'usage d'une seule famille;

2° L'acquisition des terrains nécessaires aux constructions et à leurs dépendances et à l'établissement, s'il est besoin, de rues, égout, lavoirs et autres accessoires qui pourront être reconnus utiles;

3° La location desdites maisons et dépendances à des prix modérés ;

4° La vente successive de ces immeubles à toutes personnes et particulièrement à des contremaîtres et à des ouvriers.

La durée de trente ans, pour laquelle elle avait été fondée, expirant le 24 décembre 1900, ses administrateurs, en majorité, pensèrent qu'il n'y avait pas lieu de prolonger sa durée et qu'il convenait de rembourser le capital aux actionnaires, au fur et à mesure des rentrées.

Nous sommes donc en présence d'une Société ayant terminé sa tâche, et il est intéressant de voir comment elle l'a accompli. Avec un capital de fondation de 200,000 francs, elle a construit 117 maisons ayant coûté 550,000 francs ; elle est arrivée à ce résultat, sans augmenter son capital, en utilisant les amortissements versés par les locataires acquéreurs. Pendant toute la durée de la Société, les actionnaires ont touché régulièrement l'intérêt à raison de 4 0/0 de leurs capitaux et il reste néanmoins, une fois le capital remboursé, un boni de 25,000 francs sur l'ensemble de l'opération. Restant fidèle jusqu'au bout à son but philanthropique, le Conseil d'administration de la Société a décidé qu'ils seront employés à la construction d'une ou de plusieurs maisons ouvrières, dont le revenu serait capitalisé et employé, au fur et à mesure des disponibilités, à la construction de nouvelles maisons.

L'expérience de la Société Havraise est concluante ; elle prouve qu'il est possible de construire des maisons saines et à bon marché ; de les louer et de les vendre par annuités aux ouvriers, sans courir de risques sérieux de pertes et en recevant un intérêt normal.

*Société Beauvaisine d'habitations à bon marché (H.C.).* — La création de cette Société, toute récente, avait été précédée d'une enquête préliminaire sur les logements des ouvriers de Beauvais faite en 1895, et, dans cette enquête, il avait été constaté que, « si un certain nombre d'ouvriers et de petits employés sont assez bien logés, il y a plus de cinq cents ménages qui occupent des logements absolument insuffisants » ; il avait été également constaté, qu' « à Beauvais l'ouvrier paie, en moyenne, un loyer annuel de 200 francs pour un logement triste, sale et insalubre, où le plus souvent il n'y a ni cave ni cellier et où la cour, le puits et les latrines sont généralement communs à plusieurs locataires ».

Armés des résultats de cette enquête, les promoteurs de la création de la Société se sont mis à l'œuvre, ont pu recueillir un capital suffisant pour construire 26 maisons avec jardins, moyennant une dépense de 98.000 francs, et les résultats s'annoncent tels, que M. Charles Janet, administrateur délégué, peut considérer les points suivants comme démontrés par l'expérience, pour une ville de moyenne importance :

1° Que pour la création d'une Société d'habitations à bon marché, patronnée par des personnalités inspirant confiance, il est possible de trouver des capitaux se contentant d'un intérêt de 3 1/2 0/0 et aussi, des administrateurs disposés à exercer gratuitement leurs fonctions ;

2° Que, dans ces conditions, il suffit de fixer à un chiffre compris entre 5 1/2 0/0 et 6 0/0 du capital engagé le prix de location des maisons.

3° Qu'avec ce taux modéré des loyers, il est possible de donner des logements salubres, agréables et relativement confortables, aux mêmes prix, variant de 150 à 250 francs, payés couramment par des ménages à faibles ressources pour des logements tristes et insalubres.

*Société Rouennaise des habitations à bon marché.* — Fondée en 1887, elle se présentait à l'Exposition de 1889 avec un groupe de 74 maisons construites sur un terrain d'une superficie d'environ 5.000 mètres et y obtenait une médaille d'or. Depuis, elle a continué son œuvre, par un deuxième groupe de 50 maisons, construites sur un terrain d'une superficie de 6.000 mètres. A la suite de ces deux groupes situés sur la rive gauche de la Seine, un troisième groupe est en construction sur la rive droite ; 8 maisons sont achevées ; 4 sont en construction ; sur ces 12, 10 sont occupées ou louées. Lorsqu'il sera complet, ce troisième groupe comptera, comme les deux premiers, environ une cinquantaine de maisons.

Son œuvre comprend donc environ 150 maisons, dont elle rend les ouvriers propriétaires par : 1° le versement comptant du dixième de leur prix ; 2° le paiement par douzièmes de seize annuités. Mais elle laisse son preneur libre de renoncer à l'acquisition et de demander la résiliation de son bail ; dans ce cas, s'il a rempli ses engagements, remis la maison en bon état et payé ses impôts, la Société lui rembourse : 1° le dixième du prix de l'immeuble versé ; 2° le tiers des annuités payées, ce qui a pour résultat de réduire la location annuelle de 179 francs à 274 francs, suivant l'un des quatre types adoptés. La salubrité des maisons est établie par ce fait que la mortalité de la population qui y habite ne dépasse pas 11,30 pour 1.000 lorsqu'elle est de 33 pour l'ensemble de la ville de Rouen. La Société est purement philanthropique: ses actionnaires ne peuvent, dans aucun cas, prétendre à plus de 3 0/0 de leurs fonds.

Son capital, d'abord de 130.000 francs en actions de 500 francs, a été porté à 200.000 francs ; mais, grâce à son caractère philanthropique, elle a pu obtenir de la première assemblée générale une décision lui permettant de ne pas rembourser d'actions, lui donne ainsi la faculté, avec ses rentrées, de continuer le cours de ses opérations. C'est ainsi qu'elle a déjà élevé pour plus de 400.000 francs de constructions avec un capital de 200.000 francs.

Revenons maintenant aux exposants récompensés des cinq catégories que nous avons énumérées plus haut.


## I. — ÉTATS. — VILLES. — ADMINISTRATIONS PUBLIQUES.

Les exposants rentrant dans cette catégorie ont obtenu 27 récompenses dont 7 grands prix, 8 médailles d'or, 10 médailles d'argent, 1 médaille de bronze, 1 mention honorable ; mais nous pensons qu'au lieu de suivre l'ordre d'importance des récompenses, il peut être préférable de rapprocher les unes des autres les expositions analogues.

ÉTATS. — En tête des Expositions de cette catégorie, on ne s'étonnera pas que nous placions deux œuvres placées sous d'augustes patronages.

En Autriche, *Kaiser Franz Joseph I Jubilaüms Stiftung* (Médaille d'or).

En Russie, *Fabrique de cartes à jouer (institution de l'Impératrice Marie)* (Médaille d'or).

Les maisons ouvrières sont de deux espèces : 2 maisons en briques, à deux étages, contenant chacune 125 logements de différentes dimensions. Les prix du loyer varient de 2 à 6 roubles (5 fr. 42 c. à 17 fr. 35 c.) par mois. Chaque logement possède, dans la grande cour, un hangar pour le bois de chauffage et un garde-manger. Une buanderie en briques est commune pour les habitants des deux maisons. Puis il y a également des maisons isolées, en bois, à un étage, pour une ou deux familles ; chaque logement a une entrée particulière et se compose de trois pièces, l'une à deux fenêtres et les deux autres à une fenêtre ; d'une cuisine, d'une petite cour, d'un hangard pour le bois et d'un petit jardin dont une partie en potager.

Les logements sont au nombre de 42 et ils sont loués, de préférence, aux contremaîtres et aux ouvriers de mérite, pour le prix de 5 roubles (13 fr. 55 c.) par mois.

A côté de ces deux exemples de la sollicitude venant de haut, en faveur de l'amélioration des logements, des ouvriers dépendant des administrations de l'Etat, nous allons voir les résultats présentés par beaucoup de grandes administrations de l'Etat dans divers pays et aussi l'État patron remplissant, d'une manière digne d'approbation, ses devoirs envers son personnel ouvrier.

En Allemagne, cinq ministères ont vu leur exposition jugée digne de récompense par le jury.

*Ministère royal Prussien des Travaux Publics, Berlin* (Grand Prix). — L'Administration des chemins de fer disposait, le 1er avril 1899, de 30.840 logements qu'elle louait à ses employés et ses ouvriers ; les frais de construction ont été prélevés sur le budget.

Sur les fonds de la caisse de retraite des ouvriers des chemins de fer, une somme ronde de 5.300.000 marks *(5.830.000 francs)* a été prélevée pour être prêtée à des sociétés coopératives de construction.

Enfin, le Ministre a été autorisé, par une loi spéciale, à faire un emprunt de 40 millions de marks, *(44 millions de francs)* destiné à couvrir les frais de la construction de maisons pour les ouvriers et employés peu rémunérés de l'Administration et pour être prêtés à des sociétés coopératives.

*Ministère royal Prussien de la Guerre, Berlin* (Grand Prix). — Dispose de 500 logements pour les ouvriers des ateliers militaires.

Avait exposé une maison modèle à Vincennes.

*Office impérial de la Marine, Berlin* (Grand Prix). — Dispose de 1.100 logements pour les ouvriers des ateliers impériaux de torpilles à Friedrienbord et des chantiers de constructions navales à Villelenhaven. Pour les ouvriers des chantiers impériaux de Kiel, il existe, près cette ville, une société coopérative de construction fort prospère.

*Ministère royal Prussien du Commerce et de l'Industrie, Berlin* (Médaille d'or). — Système des primes de construction et des prêts gratuits.

Le Ministère a versé jusqu'à aujourd'hui 5.056.000 marks *(5.561.000 francs)* de primes et prêté sans intérêt 7.300.000 marks. *(8.030.000 francs)*.

*Ministère de l'Agriculture, des Domaines et Forêts, Berlin* (Mention honorable).

A côté de ces Ministères, deux autres administrations allemandes ont fait une exposition intéressante de leurs efforts pour loger leur personnel :

*Direction générale des Chemins de fer royaux de l'État de Wurtemberg* (Médaille d'argent) ;

*Direction générale des Chemins de fer de Saxe* (Médaille d'argent).
Une autre Administration de Chemins de fer a mérité une récompense pour le souci d'assurer à son personnel un logement convenable, dont son exposition était la preuve :

*Chemin de fer de l'État, Budapest, Hongrie* (Médaille d'or).
Nous aurons terminé cette liste des grandes administrations d'État qui ont appelé l'attention du jury par un juste souci des intérêts de leur personnel, en y ajoutant :

*Ministère de l'Agriculture, Budapest, Hongrie* (Médaille d'argent).

*Administration du Domaine de la Couronne, Bucarest, Roumanie* (Médaille d'argent).
L'œuvre du *Ministère de l'Industrie et du Travail, Bruxelles* (Grand Prix), a une portée toute autre que celle des administrations que nous venons d'examiner ; par son Office du Travail il s'est associé à l'œuvre générale des habitations ouvrières en Belgique, et nous serons amenés à l'examiner en même temps que celle de la Caisse Générale d'Épargne de Belgique : le tout forme un ensemble qu'on ne saurait séparer.

*Commission des États-Unis à l'Exposition de 1900* (Grand Prix). — Cette haute récompense a été attribuée par le Jury pour remercier les membres de cette Commission du zèle et du dévouement avec lesquels, malgré bien des difficultés, ils avaient montré, au palais de l'Économie sociale, à tous les visiteurs de la classe 106, un résumé de l'œuvre des habitations ouvrières aux États-Unis, digne de la grande démocratie à laquelle ils appartiennent.

*Comités départementaux.* — En vertu de la loi du 30 novembre 1894, des comités locaux des habitations à bon marché peuvent être créés par décret du Chef de l'État dans tous les départements de la France ; parmi tous ceux qui sont actuellement constitués, trois : ceux des départements de Seine-et-Oise, de la Sarthe et du Cher, sont venus soumettre à l'appréciation du Jury international de l'Exposition de 1900, le résultat de leurs travaux : ils ont montré qu'ils avaient rempli avec conscience la tâche que la loi du 30 novembre 1894 leur avait dévolue : pousser, en créant par des réunions et des conférences, un courant d'opinion favorable à la formation de sociétés de construction ; aider celles-ci dans leurs premiers pas et leur éviter les tâtonnements du début.

Le Jury a décerné à chacun de ces trois comités une médaille d'argent.

VILLES. — Cinq villes de différents pays ont exposé les plans de constructions édifiées avec les deniers municipaux.

Il n'appartenait pas au Jury de faire entrer en ligne de compte dans ses appréciations les opinions individuelles de chacun de ses membres sur la question si controversée (le Congrès international tenu cette année même à Paris en a donné la meilleure preuve) de savoir si c'est le rôle des municipalités de faire un pareil emploi de l'argent des contribuables ; il n'avait qu'à tenir compte des mérites de l'œuvre que les exposants soumettaient à son jugement ; c'est dans ces conditions qu'il leur a décerné les récompenses suivantes :

*London Country Council* Grande-Bretagne, (Médaille d'or). — A consacré dans divers quartiers de Londres des millions à construire des maisons ouvrières.

*Ville de Gothembourg*, Suède, (Médaille d'or). — Ce qu'il faut signaler, c'est que dans cette ville, à côté des maisons dues à la commune, l'initiative privée a créé de nombreuses sociétés de construction ; à l'heure actuelle, 105 Associations coopératives, comprenant 1.500 membres ouvriers, ont élevé des maisons valant plus de 5 millions.

*Ville de Fribourg* (Médaille d'argent). — Plans graphiques des habitations construites par la commune pour être louées à de petites familles.

*Ville d'Ulm-sur-le-Danube* (Médaille d'argent). — Plans graphiques de maisons d'ouvriers et de petits employés dont ceux-ci peuvent faire l'acquisition.

*Corporation de Birmingham* (Médaille de bronze).

### ADMINISTRATIONS PUBLIQUES.

*Caisses d'épargne.* — Sous ce titre nous n'avons que trois exposants ; mais nous allons rencontrer ici l'œuvre la plus considérable, la plus digne de retenir l'attention de tous ceux, qui cherchent un instrument pratique et merveilleusement organisé du développement de l'habitation ouvrière ; nous voulons parler de l'exposition de la *Caisse générale d'épargne, de retraite et d'assurances* de Belgique (Grand Prix). Sous cette rubrique et en y ajoutant comme complément l'exposition de l'*Office du Travail* dont nous avons parlé plus haut et celle du *Comité de patronage des habitations ouvrières des Communes de l'agglomération Bruxelloise* (Médaille d'argent), nous aurons l'ensemble de l'œuvre admirable accomplie par la Belgique, dans les dix dernières années. Le résumé en a été présenté au Congrès international de Paris par M. Lepreux, directeur général de la Caisse générale d'épargne et nul ne pouvait mieux expliquer quel a été le rôle de celle-ci dans l'œuvre accomplie.

La Caisse générale d'épargne, en Belgique n'est point une caisse, d'État ; bien que son Conseil général, son Conseil d'administration et son directeur général soient nommés par le Roi, elle jouit d'une grande autonomie dans la limite de sa charte constitutive. Mais elle jouit de la garantie de l'État et, par suite, elle dispose d'une grande force d'attraction qui amène à elle, de tous les points du pays, l'épargne naissante et qui produirait sans doute une centralisation exagérée, pleine de périls, si le législateur n'avait mis le remède à côté du mal possible, en ouvrant à l'institution un large champ de placements.

Habitué dans cet ordre d'idées à une certaine hardiesse, le législateur belge, voulant créer l'œuvre des habitations ouvrières, n'hésita pas à mettre dans la loi du 9 août 1889 un article 5 ainsi conçu : « La Caisse générale d'épargne et de retraite est autorisée à employer une partie de ses fonds disponibles en prêts faits en faveur de la construction ou de l'achat des maisons ouvrières après avoir, au préalable, demandé l'avis du Comité de patronage ». Armé de cette disposition, le directeur d'alors M. Mahillon créa une organisation, dont une expérience de dix ans a montré toute la valeur.

Elle repose sur ces trois principes :

1° Nécessités de sociétés intermédiaires, sociétés de construction ou sociétés de crédit, parce qu'il est évident, à première vue, qu'une administration centrale peut, difficilement, se mettre en rapport avec des emprunteurs disséminés sur tous les points d'un territoire assez étendu ;

2° Contrôle de ces sociétés par des comités de patronage, dont l'avis doit être donné chaque fois qu'une demande d'avance est adressée par une société d'habitations ouvrières ;

3° Développement de l'assurance sur la vie pour réussir à prémunir l'emprunteur contre le fait d'un décès prématuré.

Cette organisation, qui a eu, il faut le dire, l'heureuse fortune de trouver des hommes éminents pour l'appliquer et en tirer tout le parti utile, a permis à la Belgique de se montrer à l'Exposition de 1900 avec son exposition de la Caisse Générale d'Épargne, représentant 130 sociétés ses collaboratrices, 120 sociétés anonymes et 10 sociétés coopératives ; avec celle de son Office du Travail représentant 50 comités de patronage répandus dans toutes les parties du territoire pour apporter leur collaboration à l'œuvre générale et de pouvoir montrer les résultats obtenus : 15.000 ouvriers, ayant traité avec des sociétés agréées par la Caisse d'Épargne, sont propriétaires de leurs habitations et la Caisse n'a pas prêté, au taux réduit, moins de 32 millions de francs aux sociétés intermédiaires.

La Caisse Générale d'Epargne a fait à Vincennes une exposition très complète des différents types de maisons ouvrières.

*Caisse d'Épargne et de Prévoyance des Bouches-du-Rhône* (Grand Prix). — Sans qu'on puisse comparer les résultats obtenus par la Caisse d'Epargne des Bouches-du-Rhône à ceux que nous venons d'indiquer plus haut, le Jury a rendu un hommage mérité à l'initiative hardie, qu'elle a montrée sous l'impulsion de son éminent président M. Eugène Rostand ; dans la sphère plus limitée qui était la sienne, elle a donné un admirable exemple et il serait à souhaiter, que dans l'avenir du moins, elle trouvât dans notre pays beaucoup d'imitateurs : son œuvre peut se résumer ainsi :

Partant du principe qu'il est légitime de faire retourner au peuple laborieux, en améliorations de sa condition économique et morale, et par la base de ces améliorations, le foyer de famille, une part des profits réalisés sur la gestion de ses épargnes, elle a pris l'initiative, pour promouvoir le mouvement d'amélioration des habitations à Marseille, sept ans avant que le législateur intervînt (Décrets des 13 août 1888, 4 février 1889, 30 juillet 1892).

Profondément sage et réfléchie dans sa hardiesse, son intervention fut réglée sur cette vue que les solutions, en la matière, sont multiples, que chacune a ses avantages et comporte ses objections, qu'il faut se garder d'opinions trop absolues, que le mieux est d'ouvrir, des chemins variés à l'expérience de la philanthropie et de l'association : c'est pourquoi son concours fut acquis.

1° Propriété directe. — Construction d'un groupe d'habitations destinées les unes à la location ou à la vente par annuités (25 maisons individuelles à jardins ; les autres à la location (79 logements dans des maisons collectives) au quartier ouvrier de la Capelette. Capital employé : 459.788 francs. — Loyers de 120 à 320 francs.

2° Prêts hypothécaires individuels. — Prêts hypothécaires jusqu'à un maximum de 7.000 francs au taux d'intérêt de 3 1/2 0/0 l'an, avec amortissement par annuités, en faveur des familles désireuses d'édifier leur foyer, où et comme il leur convient. Première ébauche (1889) du mode suivant lequel allaient se développer avec puissance, en vertu de la loi belge du 9 août 1889, les sociétés d'habitations à bon marché en Belgique. — Capital employé depuis l'origine (sans pouvoir dépasser à aucun moment un total de 70.000 francs), 117.200 francs en 23 prêts, sur lesquels il est déjà rentré, par le jeu de l'amortissement et les remboursements anticipés 51.053 fr. 65 c. Prêts restant en cours, 17. — Solde dû au 1er janvier 1900, 61.916 fr. 25 c.

3° Concours promoteur d'une société anonyme. — Souscription (Décret du 4 février 1889) de 40 actions en tête de l'émission initiale de la *Société des habitations salubres et à bon marché* de Marseille, qui a, depuis lors, construit 4 groupes et va en entreprendre un cinquième et dispose de 350.000 francs en actions et 300.000 francs en obligations. Capital employé : 20.000 francs. ,

4° Concours promoteur d'une société coopérative. — Souscription (1891) de 80 parts de 50 francs de la Société coopérative d'habitations à bon marché, *la Pierre du Foyer*, type nouveau en France et souvent imité depuis lors. Capital employé : 4.160 francs.

5° Prêts aux sociétés d'habitations à bon marché (art. 10 de la loi du 26 juillet 1895). — Prêt en 100 obligations négociables de 500 francs au taux d'intérêt de 2,75 0/0 l'an, avec amortissement en 30 annuités, à la *Société des habitations salubres et à bon marché* de Marseille. Capital employé : 50.000 francs. Solde dû, au 1er mars 1900 : 48.000 francs. — Prêts hypothécaire à la Société coopérative *la Pierre du Foyer*, au taux d'intérêt de 2,50 0/0 l'an. Capital : employé 11.700. Solde dû au 1er janvier 1900 : 10.153 francs.

6° Organisation de dépôts d'épargne de loyers. — Pour les familles ouvrières, qui ne sont pas encore en état de bénéficier de logements améliorés, organisation de dépôts d'épargne de loyers, avec primes, en vue de faciliter, aux ménages ouvriers à faible ou instable salaire, l'acquit régulier du loyer qui leur est si lourd par paiements en bloc.

3° *Caisse d'Épargne et de Prévoyance de Troyes* (Médaille d'or). — Seule de toutes les caisses d'épargne de France, elle a fait construire une maison ouvrière type, en nature, à l'annexe de Vincennes.

Cette construction, dont le jury a reconnu le caractère pratique et économique, est la première d'une série de huit à construire en 1900, et pour lesquelles la Caisse d'Épargne de Troyes a un marché ferme avec un entrepreneur pour le prix de 5.100 francs.

Il faut reproduire ici la délibération prise par son Conseil d'administration en vertu de laquelle il a entrepris l'œuvre des habitations ouvrières : elle lui fait le plus grand honneur et montre, si cet exemple était suivi, quel profit la population ouvrière de France pourrait retirer de la loi bienfaisante du 30 novembre 1894 :

« Le Conseil décide

» 1° Qu'une première somme de 80.000 francs prise sur le fonds de dotation, sera employée à la construction de maisons salubres et économiques, destinées à l'habitation de familles ouvrières.

» L'emploi de cette somme sera effectué de telle sorte que le revenu en soit net de 3 1/2 0/0.

» 2° Les maisons indépendantes, avec jardinets, seront construites sur le modèle adopté.

» Elles seront réservées exclusivement aux ouvriers et petits employés dont les appointements ne dépassent pas 2.500 francs, et de préférence à ceux qui ont un livret à la Caisse d'Épargne.

» 3° Elles seront cédées à bail, ou avec promesse de vente par annuités, à des ouvriers et employés de nationalité française. Ces annuités ne devront pas dépasser 20 années et la préférence sera donnée aux acquéreurs qui seraient déjà assurés ou qui contracteraient une assurance sur la vie en signant leur contrat.

» 4° Le prix de revient de ces maisons ne pourra excéder en moyenne 5.500 fr. et au maximum 6.270 francs.

» Le taux d'intérêt qui doit servir de base au calcul des annuités est fixé à 3 1/2 0/0.

» 5° Le Conseil décide en outre :

» Dans le but d'encourager l'initiative privée, qu'une somme de 20.000 fr. pourra être utilisée, comme prêt avec garantie hypothécaire, dont le maximum individuel ne pourra dépasser 5.000 francs, à, des ouvriers et employés rentrant dans la catégorie du paragraphe 2, qui voudraient construire eux-mêmes leur habitation sur des terrains à eux appartenant, sous le contrôle de la Caisse d'Épargne et sur les plans et devis acceptés par elle. »

*Les Hospices de Dunkerque* (Médaille d'or). — L'Exposition des Hospices de Dunkerque, en dehors des bonnes conditions des constructions elles-mêmes, a frappé le jury parce qu'elle montre les résultats qu'on peut obtenir par la capitalisation des loyers pour arriver à des constructions successives.

Grâce à la générosité d'un honorable citoyen de Dunkerque, M. G. Féron, vice-président de la Commission administrative des Hospices de cette ville et grâce à l'esprit d'initiative de ses collègues, qui ont su passer outre certaines objections d'ordre administratif, 8 maisons ont été construites avec l'argent, produit d'une donation de M. G. Féron sur des terrains appartenant aux Hospices; ce ce n'est là qu'un commencement, car, d'après les calculs établis, avant douze ans, le produit des loyers de ces huit maisons capitalisé sera assez important pour permettre la construction de huit autres maisons et ainsi de suite.

Il n'a pas échappé au Jury, et la récompense qu'il a décernée en est la meilleure preuve, combien il était intéressant de signaler hautement une initiative qui, espérons-le ne restera pas sans imitateurs.

## II. — ŒUVRES PATRONALES DE CONSTRUCTIONS OUVRIÈRES

Le jury a décerné aux œuvres patronales de constructions ouvrières des divers pays 88 récompenses, dont 5 grands prix, 32 médailles d'or, 23 médailles d'argent, 16 médailles de bronze, 12 mentions honorables.

Ce résultat prouve combien on s'est préoccupé partout des dangers, que causait la création d'immenses usines dans des centres ruraux, dépourvus des habitations rendues nécessaires par le développement de l'industrie ; certes l'intérêt du patron lui commande, en même temps que l'humanité, de pourvoir à de pareils besoins ; il trouve, dans la stabilité de son personnel, des avantages bien supérieurs aux sacrifices qu'il a pu consentir ; mais ce n'est pas une raison pour ne pas honorer hautement, partout où il se rencontre,

celui qui a su remplir son devoir social et c'est ce que le jury a fait,
par les récompenses qui suivent et que nous allons rappeler avec
quelques courtes explications à l'appui.

1° *Ungern Sternberg (baron d')* à *Esthonie, Russie. (Grand Prix).*
Documents relatifs aux Habitations ouvrières de sa fabrique de
draps de Dago-Kertel.

La cité ouvrière de Dago-Kertel compte aujourd'hui 237 maisons
séparées, dont 131 sont déjà libérées de toute dette et sont devenues
la propriété de ceux qui les habitent. Ces maisons, avec leurs
dépendances, couvrent un espace de 100 hectares; aux principaux
carrefours sont établis, par la fabrique qui occupe en tout six cents
ouvriers, des puits artésiens dont l'eau jaillissante est de toute
première qualité. Aussi ne connaît-on pas dans la colonie aucune de
ces maladies épidémiques et fréquentes en Russie : typhus, maladies
d'estomac, fièvres paludéennes. La propreté des rues est assurée
par la direction de la fabrique, qui s'est également chargée de la
voirie. Chaque famille dispose d'une maison, d'une cave, d'une
étable, d'une porcherie, d'une salle de bains servant aussi de blan-
cherie, d'un jardin potager et d'un verger, le tout comprenant un
espace de 20 ares. Moyennant une retenue de 25 0/0 sur son salaire,
l'ouvrier devient assez rapidement propriétaire de cette habitation
et de ses dépendances.

Mais la fabrique n'avance l'argent, pour la construction de maisons,
qu'à la condition que l'ouvrier ne pourra vendre sa maison, qu'à un
autre ouvrier de la fabrique. Cette restriction a pour but d'em-
pêcher l'introduction dans la colonie d'éléments ayant des intérêts
opposés à ceux des ouvriers.

2° *Krupp (Fried)* à *Essen-sur-la-Ruhr, Allemagne. (Grand Prix).*
Dispose maintenant de près de 9.000 logements, qui sont loués
aux ouvriers et employés des établissements et abritent une population de 30.000 personnes.    A dépensé plus de 14 millions de
marks, lui rapportant à peine un peu plus de 2 0/0 du capital
engagé.

3° *Romenski (manufacture de P. Malutine), Russie. (Grand Prix).*
La fabrique de P. Malutine et fils (cotonnades) occupe 7.880 ouvriers et a une production de 7 1/2 millions de roubles.
Elle méritait d'être placée en tête pour ses Habitations ouvrières;
a reçu, à Paris en 1867, une médaille pour ses habitations et depuis,

n'a cessé de les améliorer. Chaque famille ouvrière a un logement; de grandes casernes reçoivent les ouvriers célibataires, qui arrivent des villages avoisinants.

Le total des loyers, payés chaque année s'élève, à 11.000 roubles; tandis que les dépenses annuelles de la fabrique, pour les habitations montent à 28.000 roubles.

4° *Usines de matières colorantes à Hoechst-sur-le-Mein, Allemagne, (Grand Prix).* — Occupe 3.000 ouvriers; dispose de 112 logements de famille et de 100 logements pour les ouvriers invalides.

A exposé une maison modèle à Vincennes.

5° *Lever Brothers Limited, à Port-Sunlight (Cheshire) (Grande-Bretagne).* — A exposé, à Vincennes, une habitation ouvrière de grandeur naturelle, type des habitations érigées par cette Compagnie pour ses ouvriers, à Port-Sunlight.

La Compagnie des usines de savon fort importantes de Sunlight fournit à ses ouvriers cette maison, moyennant une location qui varie entre 3 et 4 shellings (3 fr. 75 c. à 5 fr.) par semaine pour un cottage, et de 4 shellings et demi à 6 shellings et demi (5 fr. 60 c. à 7 fr. 50 c.) par semaine, pour les maisons plus grandes. Les locataires peuvent même obtenir un jardin potager, d'environ 300 mètres carrés à raison de 5 shellings par an (6 fr. 25 c.), l'eau comprise.

Les loyers ne sont nullement basés en vue d'un rapport sur le capital employé, attendu que le montant des loyers arrive à peine à payer les contributions, taxes et impôts, ainsi que le coût d'entretien, réparations, dépréciations et ne laisse aucun profit, sur l'intérêt de l'argent employé à la construction.

La superficie couverte à Port-Sunlight par une maison pareille au modèle exposé à Vincennes, est d'environ 70 mètres carrés.

Au rez-de-chaussée, il y a un petit salon, une cuisine, une arrière-cuisine, une salle de bain. A l'étage au-dessus, trois chambres à coucher, toutes bien ventilées.

6° *Van Marken à Delft, Pays-Bas, (Médaille d'Or).* — Les maisons sont louées aux membres du personnel des établissements industriels qui le demandent. Actuellement le nombre des familles logées se monte à 74, formant un total de 380 personnes.

Pour la construction des maisons, après une étude sérieuse, on a préféré le système des petits groupes (des cottages anglais), à celui dit des casernes c'est-à-dire qu'on a préféré de petits bâtiments pour une seule ou un très petit nombre de familles. Les maisons ont été construites solidement et avec goût. Chacune d'elles est précédée d'un coin de terre (d'à peu près 12 mètres carrés où les locataires s'empressent toujours de cultiver des fleurs et d' au .res plantes.

7° *De Wayer à Villebroeck, Belgique.* (Médaille d'Or). — Son exposition consistait en documents et photographies des maisons ouvrières construites autour de son établissement industriel. Il avait déjà obtenu à l'Exposition universelle de 1889 une médaille d'or : la même récompense a paru justifiée au jury de l'Exposition de 1900.

8° *Société des mines de Lens, France* (Médaille d'Or). — De 1852 à 1900, plus de 4.000 habitations ont été établies pour son personnel ouvrier par la Société des Mines de Lens.

Elle n'a pas étudié moins de 29 types d'habitations ouvrières et 11 d'habitations pour ses employés, s'ingéniant à mettre ces maisons à la portée des familles nombreuses (8 ou 10 personnes) ou réduites (ménages sans enfants, veuves avec ou sans enfants).

Le prix modique des diverses habitations est loin de rémunérer le capital de premier établissement et surtout l'entretien, qui est considérable ; voici, à titre d'exemple, le relevé des dépenses faites pendant les 12 mois de l'exercice social 1898-1899 ; il monte à 123.481 fr. 90 c., pour environ 4.000 maisons, soit près de 31 francs par maison, ayant rapporté en moyenne 84 francs de loyer (338.281 fr. 54 c.).

9° *Ganz et C<sup>ie</sup> à Budapest, Hongrie.* (Médaille d'Or). — Société anonyme de fonderie et fabrique de machines, qui a exposé d'intéressants dessins des habitations ouvrières destinées à son personnel ouvrier.

10° *Société Kolomensky pour construction de wagons à Kolomma, Russie* (Médaille d'or). — Fondée en 1872, occupe 17.000 ouvriers.

La valeur de sa production s'élève à 18 millions de roubles.

A exposé des photographies et des plans des habitations ouvrières occupées par son personnel, casernes et maisons individuelles.

11° *Blanchisserie et Teinturerie de Thaon, à Thaon-les-Vosges, France* (Médaille d'or). — Expose les gravures et plans de ses maisons ouvrières.

12° *Menier à Paris, France*, (Médaille d'or). — La cité ouvrière de l'usine de Noisiel fut créée en 1874, en vue de pourvoir au logement et aux divers besoins de la vie du personnel de ladite usine, dont l'importance allait toujours en croissant.

Sur une plaine de près de 30 hectares, inclinées vers l'est, dans un site séduisant, des rues de 10 mètres de largeur furent tracées et les maisons, plantées en quinconce, bordent la voie ; un jardin de 22 mètres, divisé en deux, sépare chaque maison. La maison est isolée et a deux logements indépendants, avec entrée par le jardin.

Depuis 1874 jusqu'à 1892, quatre groupes ont été successivement construits, donnant pour Noisiel un total de 312 logements.

En 1897-98, un cinquième groupe, comportant 53 logements, a été créé à Champs.

Pour chacun de ces logements, le montant du loyer est de 150 francs, payables mensuellement à raison de 12 fr. 50 c.

Ce prix de location se trouve progressivement compensé, pour les ouvriers ayant au moins dix années de présence à l'Usine, par des primes d'ancienneté, proportionnelles au temps de séjour.

M. Menier avait exposé une maison modèle à Vincennes.

13° *Boulenger et C$^{ie}$ à Choisy-le-Roi (Seine), France* (Médaille d'or). — A exposé des tableaux et documents divers sur les habitations ouvrières. Déjà titulaire d'une médaille d'or à Paris en 1889, dans la section de l'économie sociale.

14° *Ludlow et C$^{ie}$, États-Unis* (Médaille d'or). — Parmi les industriels des États-Unis, c'est un de ceux qui ont fait le plus pour les maisons ouvrières.

15° *Schneider et C$^{ie}$ (Paris), France* (Médaille d'or). — Nous nous trouvons là en présence de deux œuvres particulièrement intéressantes :

1° Propriété du foyer. — MM. Schneider ont, depuis longtemps, favorisé pour leur personnel, la propriété du foyer, en vendant à prix réduit les terrains qui leur appartenaient et en faisant d'importantes avances d'argent. Même dans le cas où MM. Schneider et C$^{ie}$ prêtent tout le capital nécessaire à l'achat du terrain et à la construction, l'ouvrier devient immédiatement propriétaire d'une maison bâtie par lui, suivant ses goûts, au lieu d'avoir comme dans d'autres centres ouvriers, l'espérance lointaine et problématique de devenir lentement et graduellement propriétaire d'une maison bâtie par le patron.

Beaucoup d'ouvriers et d'employés ont construit leur maison sans emprunter, en se servant des économies déposées chez MM. Schneider et Cie.

MM. Schneider n'ont imposé aucun type de construction. Les ouvriers et employés ont bâti eux-mêmes, dans le quartier qu'ils ont choisi, la maison qu'ils ont voulue. En fait, le type qui a prévalu est celui de la maison de famille, isolée des autres, à un seul logement, de deux à cinq pièces, avec jardin et dépendances.

2° Ouvriers locataires. — Les maisons, que MM. Schneider et Cie possèdent dans leurs divers établissements, comprennent 1.334 logements, la plupart avec un jardin de la contenance de 700 à 800 mètres carrés, une basse-cour, une écurie à porcs, etc. MM. Schneider ont exclusivement adopté, pour leurs cités, un type comprenant une maison à un seul logement, isolée des autres, avec un jardin clôturé; ces logements très recherchés sont une récompense pour le personnel. On tient compte de la qualité et de la durée des services, des charges de famille et de toutes les considéraions qui peuvent m liter en faveur de l'ouvrier. Le prix de loyer varie de 1 fr. 25 c. à 8 francs par mois. Ces logements sont souvent gratuits pour les ouvriers retraités ou des veuves chargées de famille. Les logements sont entretenus propres et salubres aux frais de MM. Schneider et Cie. Un surveillant spécial est chargé d'inspecter les logements et d'en assurer la bonne tenue. En sus des jardins attenant aux logements et qui ont près de 25 hectares, il y a 2.383 jardins d'une contenance totale de plus de 102 hectares.

16° *Russ.-Suchard et Cie à Serrières (Neuchâtel), Suisse* (Médaille d'or). — Les propriétaires de la fabrique de chocolat Suchard, lorsque par suite de l'extension de leurs établissements, il devint de plus en plus difficile, de loger les ouvriers dans le village enserré dans une gorge étroite, où pas un pouce de terrain n'était resté inutilisé, furent amené à faire choix de terrains situés le long du lac, au sud-est du village, dans une position unique, abritée et des plus salubres. C''est là qu'ils ont élevé tout un quartier auquel on a donné le nom de cité Suchard. Les habitations ont été construites sur le modèle de deux types ne différant entre eux que par les dimensions. Le premier type comprend quatre chambres, une cuisine, deux chambres hautes, un local bien éclairé au sous-sol pouvant servir d'atelier, une cave voûtée et un bûcher par logement; le second comprend six chambres par appartement et les mêmes dépendances. Chaque ménage dispose d'un jardin clôturé. Dans les deux types les lieux d'aisance sont en dehors des maisons à côté des bûchers. Chaque ménage à ses latrines.

Le prix du loyer est de 17 fr. 50 c. par mois pour les petits logements et de 18 fr. 50 c. pour les grands, ce qui équivaut à la moitié de la valeur locative.

La maison exposée à Vincennes est la copie exacte du type n° 1 de la cité Suchard à Serrières.

17° *Société de la manufacture de Tver*, *Russie* (Médaille d'or). — La manufacture de Tver (cotonnades) existe depuis 1858 et occupe environ 1.200 ouvriers.

Elle expose les plans d'une caserne et aussi d'une maison individuelle qui devient propriété de l'ouvrier en douze ans ; et où il y a en dehors de son logement des chambres à louer.

18° *Société de la Brasserie Gigoulevski à Zamara, Russie* (Médaille d'or). — Existe depuis 1880. Occupe plus de 800 ouvriers.

La production annuelle de la bière s'élève à 1.200.000 roubles.

Expose une série de photographies et de plans des habitations ouvrières (casernes et maisons à nombre limité de logements), tout à fait exceptionnelles pour, la Russie, par les commodités de l'aménagement et de l'ameublement intérieur.

19° *Badin et fils à Barentin (Seine-Inférieure), France* (Médaille d'or). — MM. Badin et fils, dont la filature a toujours été chaque année en s'agrandissant, occupent aujourd'hui un personnel d'environ 2.000 ouvriers et se sont, depuis longtemps, préoccupés de leur assurer des logements salubres ; ils continuent, encore à l'heure actuelle la construction de nouveaux logements sans autre souci que d'assurer, à leur personnel, les conditions d'hygiène nécessaires à tous et principalement à ceux qui se livrent à un rude labeur ; le type adopté est la maison individuelle avec jardin.

20° *Zuber, Rieder et Cie, Boussières (Doubs), France* (Médaille d'or). — MM. Zuber et Rieder rappellent que la papeterie de l'Ile Napoléon (par Rixheim, Haute-Alsace), dépendant de la Société Zuber, Rieder et Cie, a été en quelque sorte le berceau des cités ouvrières de Mulhouse. Le chef de la maison, M. Jean Zuber fils, avait fait construire avant 1830 une série de logements pour les ouvriers de la papeterie, qui se distinguaient de toutes autres habitations ouvrières de l'époque, a la séparation complète des ménages. Chaque logement, composé d'un rez-de-chaussée, d'un grenier, d'une cave, d'un jardinet et de lieux d'aisance extérieurs, avait son entrée séparée, donnant sur la route commune. Le principe essentiel, signalé dans un rapport de M. Jean Zuber fils à la Société industrielle de Mulhouse, a été adopté et appliqué par la Société des Cités ouvrières de Mulhouse, dont Jean Zuber fils a été l'un des fondateurs et que Jean Dollfus a conduite à un si haut degré de prospérité.

La Société Zuber, Rieder et Cie est demeurée fidèle au système de cités ouvrières qu'elle avait adopté à l'origine et l'a réalisé, également, dans la papeterie qu'elle a créée en 1881, sur le territoire de la commune de Boussières (Doubs) et qui ne comprend pas moins de quarante-trois logements ouvriers, de cinq types différents, dont quatre se trouvent représentés sur le dessin exposé à la classe 106.

Les idées dominantes qui ont présidé à l'établissement des plans de ces cités sont les suivantes :

1° Indépendance complète de chaque logement, avec jardin et courette, séparés de ceux des voisins par des clôtures et n'ayant de commun avec ceux-ci que les puits et fontaines ;

2° Construction en rez-de-chaussé sur cour avec grenier surélevé, permettant l'installation de chambres à coucher, qui peuvent être aérées et éclairées par des ouvertures ménagées dans les parois verticales ;

3° Installation de lieux d'aisance en dehors des logements, afin de préserver ceux-ci de toute cause d'infection, étant donné qu'il n'existe pas d'eau sous pression, permettant de tenir les lieux constamment propres.

Les prix de construction étant élevés dans le Doubs, voici les résultats financiers obtenus :

Les douze logements du type n° 1, comprenant cinq logements d'employés, ont coûté 64.201 francs, soit 5.350 francs par logement. Le total des loyers annuels étant de 2.184 francs, le revenu brut, ressort à 3,4 0/0.

Les huit logements du type n° 2 ont coûté 29,338 francs, soit 3,667 francs par logement. Le loyer annuel étant de 1,080 francs, il en résulte un revenu brut de 3,68 0/0.

Les dix logements du type n° 3 ont coûté 28.158 francs, soit 2.816 francs par logement. Les loyers annuels s'élevant à 1,104 francs, le revenu brut est de 3,91 0/0. Enfin, les six logements du type n° 4, représentent une dépense de 31,100 francs, soit 5.182 francs par logement. Le loyer total étant de 1,104 francs, le revenu brut ressort à 3,55 0/0.

21° *Engel à Héricourt (Haute Saône), France.* (Médaille d'or). —
M. Engel a été le collaborateur de Jean Dollfus. A l'Exposition de
1889, il refusait le Grand Prix que le jury voulait lui décerner pour
les cités ouvrières de Mulhouse et s'effaçait devant la mémoire du
grand fondateur de cette œuvre admirable; en 1900 il expose un
tableau avec plans représentant un groupe de maisons ouvrières
construites à Héricourt (Haute-Saône), qui sont louées à la population ouvrière de ses établissements industriels.

Le jury a été particulièrement heureux de donner ce témoignage
de reconnaissance à un homme, dont le nom se trouve depuis si
longtemps attaché à la noble cause du développement des habitations ouvrières.

22° *Filature de coton de Khloudoff, gouvernement de Ryasan,
Russie.* (Médaille d'or). — Son exposition consiste en plans de
casernes pouvant loger 3.000 ouvriers.

Chaque famille a une chambre à part très claire et spacieuse.

Les logements se recommandent par le système de chauffage à
l'air et à la vapeur et par une bonne ventilation.

L'ouvrier paie de 40 cop. à 1 rouble 50 cop. par chambre.

23° *Khloudoff (cotonnades) à Yarzéff, gouvernement de Smolensk,
Russie.* (Médaille d'or). — Établissement créé depuis 1876, occupe
4.000 ouvriers.

Expose des plans et photographies d'habitations ouvrières bien
comprises.

24° *Sucrerie Yassuminski, Russie.* (Médaille d'or). — A exposé
des photographies et plans d'habitations ouvrières intéressantes.

25° *Thiriez père et fils, Lille, France.* — (Médaille d'or).
MM. Thiriez et fils, pour répondre au besoin du personnel de
leur manufacture de fils de coton, ont construit trois cents habitations sur un vaste terrain, à proximité de leur établissement. Elles
sont toutes bâties entre rue et jardin. Les rues ont 10 mètres de
largeur, sont droites, bien aérées et munies de larges trottoirs.

Les prix de location varient de 10 à 20 francs par mois.

Le revenu moyen des habitations est de 2 1/2 à 3 0/0.

26° *Gouvy et Cie, Dieulouard, France.* (Médaille d'or). — Après
l'annexion, on dût loger à Dieulouard les Lorrains qui avaient

opté. On para au plus pressé ; des maisons collectives furent construites dont les chambres étaient, il est vrai, très vastes, mais qui présentaient les inconvénients de toutes les maisons de ce genre : escalier commun à deux logis, voisins au-dessous de soi, etc. Les jardins étaient attenants à ces maisons qui abritaient une vingtaine de ménages. Ce type fit bientôt place à la maison à deux logements, puis à la maison isolée ; le prix de cette dernière était trop élevé ; on en construisit néanmoins quatre, dont la plus perfectionnée coûta 4.000 francs.

L'accroissement continu du personnel exigeant de nouveaux logements, une maison double fut étudiée qui, après quelques perfectionnements, donna naissance au type actuel dont le prix de revient est de 7.200 francs ou 3.600 francs par logement et 61 fr. 25 par mètre carré de surface habitée.

Toutes les maisons appartenant à l'usine sont habitées par des ouvriers logés gratuitement et chauffés. La direction pousse d'ailleurs de plus en plus son personnel à acquérir ou bâtir des maisons; dans ce but, ainsi que pour l'acquisition des jardins, champs ou vignes, elle avance des sommes assez considérables que les emprunteurs remboursent, avec intérêts, par retenues mensuelles sur le salaire. Les sommes ainsi avancées s'élèvent à plus de 200.000 francs pour l'usine de Dieulouard.

Actuellement, soixante-quatorze ouvriers possèdent leurs maisons pour une somme totale de 199.187 fr. 15 c.

27° *Villeroy et Boch à Mettlach, Allemagne.* (Médaille d'or). — C'est une fabrique de faïence qui a fait bénéficier son personnel du système des primes de construction.

28° *Société russo-américaine des Industries de caoutchouc, Russie.* (Médaille d'or). — A exposé des modèles et plans d'habitations ouvrières intéressantes.

29° *Société anonyme de Vézin-Aulnoye à Maubeuge, France.* (Médaille d'or). — Dans la création de ses cités ouvrières, la Société a multiplié le nombre de types de bâtiments. Le tableau, exposé à la classe 106, comprend quelques-uns de ceux-ci : maisons de 2, 4, 6, 8 et 10 logements accolés.

Les grands logements, beaucoup plus nombreux que les autres, comprennent : deux caves, une cuisine, trois chambres, un grenier et une remise.

Les petits logements se composent d'une cave, d'une cuisine, de deux chambres et d'une remise.

Chaque logement a un jardin d'une contenance de 2 ares et plus.

Indépendamment de ces jardins attenant aux habitations, la Société met à la disposition de ses ouvriers, moyennant une location minime, les terrains qu'elle possède à proximité des maisons ouvrières.

La Société de Vézin-Aulnoye met ces maisons en location à ses ouvriers à des prix relativement très bas ; pour plusieurs d'entre elles, par certaines combinaisons, elle assure aux locataires la possibilité de devenir propriétaires moyennant une redevance annuelle très faible.

Le nombre des logements est actuellement de 409 pour les différentes usines de la Société.

30° *Chandon et Cie, Epernay, France* (Médaille d'or). — La Société Chandon et Cie, qui, à l'Exposition de 1889, avait obtenu une médaille d'or dans la section de l'Économie sociale, a ajouté, il y a une vingtaine d'années, une œuvre nouvelle à toutes les œuvres créées et entretenues par elle pour venir en aide à ses ouvriers, celle des maisons ouvrières.

Elle n'en fait profiter que des ouvriers depuis longtemps attachés à la maison ; elle exige en général que l'ouvrier ait fait ses preuves en économisant par lui-même la somme nécessaire pour l'acquisition du terrain. La Société lui avance ensuite sans intérêt les fonds destinés à faire face aux dépenses de construction. Elle rentre dans cette avance au moyen de versements mensuels qui varient de 20 à 40 francs suivant l'importance du salaire gagné par l'ouvrier.

L'avance faite varie de 4.800 à 8.000 francs ; la moyenne ressort à 5.500 francs. Il faut donc de quinze à dix-huit ans à l'ouvrier pour se libérer entièrement.

Pour assurer à la Société le remboursement de ses avances, on procède par voie d'ouverture de crédit avec garantie hypothécaire. Les crédits ouverts, dans ces conditions aux ouvriers de la maison et actuellement en cours, sont au nombre de 59, représentant un capital de 325.274 fr. 50 c.

Les amortissements partiels opérés au 1er mars 1900 s'élevaient à 90.410 fr. 32 c. De sorte que le montant réel des avances à cette date était de 234.864 francs.

La Société a donc pu, en sacrifiant seulement le revenu d'un capital de 300.000 francs environ, permettre à plus de soixante ouvriers de se construire une habitation répondant à leurs goûts et à leurs besoins, ainsi qu'à toutes les conditions désirables d'hygiène et de salubrité.

31° *Société de la Grande Manufacture de Yaroslav, Moscou, Russie* (Médaille d'or). — A exposé une série de plans et de photographies de ses maisons ouvrières très dignes d'intérêt.

32° *Carmichael et C^ie, à Ailly-sur-Somme, France* (Médaille d'or). — MM. Carmichaël, qui ont groupé 1.500 ouvriers dans le même établissement à Ailly-sur-Somme (filature et tissage), assurent le logement de leurs ouvriers, dans leurs cités ouvrières, moyennant 1 fr. 75 par semaine, pour une maison comportant une grande pièce en bas, deux chambres au premier, une chambre galetas et grenier, cave avec bûcher, cabinets d'aisances et cour entourée de murs. Le type de maison revient à 3.100 francs. Il y en a 93.

De plus, la Société avance sans intérêts la moitié de la valeur des maisons à ceux de ses ouvriers qui, possédant l'autre moitié, veulent devenir propriétaires. Le remboursement de la moitié avancée devant se faire à raison de 10 francs par semaine prélevés sur le salaire, par convention spéciale, sans autre garantie pour la Société que celle de la valeur du terrain qui, appartenant à la Société, n'est payé qu'en dernier lieu et reste à bail jusque-là.

Un groupe de onze maisons est en construction en ce moment.

33° *Fabrique augsbourgeoise de machines et Société de construction de machines de Nuremberg, Allemagne* (Médaille d'or). — Cette fabrique, qui occupe 5.000 ouvriers, a mis à leur disposition plus de 500 logements salubres.

34° *Hubin (Félix), à Harfleur (Seine-Inférieure), France* (Médaille d'or). — M. Felix Hubin a construit pour le personnel de ses usines 24 maisons ouvrières comprenant 50 logements de famille. Il les loue par baux verbaux et pour la durée du travail à l'établissement.

Les maisons adoptées en dernier lieu, créées de 1892 à 1899, comprennent deux logements avec accès particulier.

Chaque maison a son jardin ; elles sont de deux types différents.

Les prix de loyer sont, pour le type n° 1, 143 francs par ménage et par an, en tout 286 francs pour la maison entière, soit un rapport de 3,80 0/0.

Pour le type n° 2, 110 francs par ménage et, par an, 220 francs pour la maison entière, soit un rapport de 3,65 0/0.

Les loyers sont retenus chaque quinzaine sur le salaire de l'ouvrier.

35° *Société des Industries houillères de la Russie Méridionale, Korsoun, Russie* (Médaille d'or). — Cette Société a exposé la photographie et le plan d'une maison pour les ouvriers mariés, suivant le type adopté avant 1892 ; puis le plan d'une maison pour les ouvriers, types des années 1892, 1893 et 1896 ; la photographie d'une maison pour une seule famille, type de l'année 1897 ; enfin photographies et plans de la caserne des célibataires, de la caserne type des années 1896 et 1899.

Tous ces documents permettent de suivre les progrès réalisés au point de vue de la salubrité et de l'hygiène dans ces dernières années.

36° *Charbonnages de Mariemont et Bascoup, Belgique* (Médaille d'or).

37° *Fabrique Hongroise de matières explosibles, Hongrie* (Médaille d'or).

38° *Crespi (Benigno), à Milan, Italie* (Médaille d'argent). — Planimétrie, dessins, détails des institutions de prévoyance.

39° *Société anonyme des Forges de Trignac, France* (Médaille d'argent). — Plans et vues d'habitations ouvrières de maisons collectives.

40° *Compagnie des Mines de Roche-la-Morlière et Firminy, France* (Médaille d'argent). — Dessins de maisons ouvrières.

41° *Compagnie des Cristalleries de Baccarat, France* (Médaille d'argent). — Tableau et brochures.

42° *Solvay et Cie, à Varangéville-Dombasle (Meurthe-et-Moselle), France* (Médaille d'argent). — Tableaux, plans et notice. Construction de plus de 340 maisons. Prêts aux ouvriers pour la construction de maisons d'habitation.

43° *Morosoff fils et Cie, Moscou, Russie* (Médaille d'argent). — Plans et photographies.

44° *Harmel frères, au Val-des-Bois (Marne), France* (Médaille d'argent). — Habitations ouvrières salubres et à bon marché avec jardins.

45° *David, Adhémar et Maigret, France* (Médaille d'argent). — Filature et tissage de coton à Épinal. — Plans de cités ouvrières.

46° *Société anonyme des usines du Pied-Selle à Fumay (Ardennes), France.* (Médaille d'argent). — Tableaux, statistique, modèles, plans de cités ouvrières.
A construit 104 habitations. Fait à ses ouvriers des avances pour construire à 3 0/0.

47° *Peters et C$^{ie}$ à Nevigés prés Elberfeld, Allemagne* (Médaille d'argent). — Tissage mécanique. — Tableaux d'habitations ouvrières.

48° *Charbonniez, Gaillard et C$^{ie}$, à Fère-en-Tardenois (Aisne), France* (Médaille d'argent). — Manufacture de bonneterie. — Plans, devis, dessins et photographies d'habitations ouvrières.
Construction de 10 maisons. — Locations avec promesse de vente. — Acquisition en 16, 18 ou 20 annuités.

49° *Société anonyme d'industrie textile hongroise à Rozsahegy, Hongrie* (Médaille d'argent). — Modèle de l'usine et de la cité ouvrière.

50° *Société Popof, Russie* (Médaille d'argent). — A exposé albums et plans d'habitations ouvrières (casernes et maisons individuelles).

51° *Draper Company limited à Hopedale (Massachusetts), États-Unis* (Médaille d'argent). — A exposé des photographies de maisons ouvrières.

52° *Sucrerie Leonoff, gouvernement de Varsovie, Russie* (Médaille d'argent). — A exposé le plan d'une maison ouvrière.

53° *Basse et Selve, Altena en Westphalie, Allemagne* (Médaille d'argent). Laminerie de nickel. — Modèle d'un cercle d'ouvriers. — Tableaux des différents systèmes de maisons.

54° *Société Kouvaerski, Russie* (Médaille d'argent). — Fabrique de cotonnades. — A exposé des plans de casernes spacieuses.

55° *Kouchine à Serpoukhoff, Russie* (Médaille d'argent). — A exposé des photographies, dortoirs des ouvriers, type des maison de la classe ouvrière, plan de la caserne ouvrière et d'une maison individuelle.

56° *Sagloba (sucrerie), gouvernement de Subline, Russie* (Médaille d'argent). — A exposé des photographies et plans de logements ouvriers.

57° *Kharitonenko (sucrerie), gouvernement de Karkhof, Russie.* (Médaille d'argent). — A exposé le plan d'une caserne ouvrière.

58° *Fabrique d'aiguilles de Kolenstaa, gouvernement de Riäsano, Russie* (Médaille d'argent). — A exposé des plans et des photographies de cités ouvrières où chaque ouvrier est en possession d'une petite maison avec étable et jardin.

59° *Kousnetzoff, gouvernement de Karkhoff, Russie* (Médaille d'argent). — A exposé des photographies des habitations et le plan général de cinq logements.

60° *Meyer, libraire-éditeur, à Leipsig, Allemagne* (Médaille d'argent). — A exposé des plans de maisons ouvrières.

61° *Kœnig (sucrerie), gouvernement de Karkhoff, Russie* (Médaille de bronze). — A exposé le plan d'une caserne ouvrière.

62° *Alexandrowski (sucrerie), gouvernement de Kiev, Russie* (Médaille de bronze). — A exposé le plan d'une caserne ouvrière.

63° *Krasilovsky (sucrerie), gouvernement de Volhynie, Russie* (Médaille de bronze). — A exposé des plans d'habitations et maisons pour les ouvriers mariés.

64° *Apollo Iron et Steel Company à Pittsburg (Pensylvànie), États-Unis* (Médaille de bronze). — A exposé un modèle de village industriel.

65° *Lucas (John) et C^{ie} à Philadelphie (Pensylvanie), États-Unis* (Médaille de bronze). — A exposé un modèle d'habitations ouvrières.

66° *Association pour l'industrie minière et la fabrication de l'acier fondu à Bochum, Allemagne* (Médaille de bronze). — A exposé les tableaux d'un dortoir pour ouvriers célibataires et d'une maison pour quatre familles.

67° *Ballestrem (comte de), direction de ses domaines à Ruda (Haute-Silésie), Allemagne* (Médaille de bronze). — A exposé des tableaux de maisons ouvrières.

68° *Rabenek (François), gouvernement de Moscou, Russie* (Médaille de bronze). — A exposé des photographies et des plans d'habitations ouvrières.

69° *Girave, Moscou, Russie* (Médaille de bronze). — A exposé des photographies d'un dortoir et d'une caserne.

70° *Romameff (fabrique des produits de lin), Russie* (Médaille de bronze). — A exposé des plans et photographies d'habitations ouvrières.

71° *Govard, gouvernement de Moscou, Russie* (Médaille de bronze). — A exposé des documents relatifs aux habitations ouvrières.

72° *Sapounikoff, gouvernement de Moscou, Russie* (Médaille de bronze). — A exposé un plan et des photographies d'habitations ouvrières.

73° *Zellstofffabrik Waldohf près Mannheim, Allemagne* (Médaille de bronze). — A exposé des tableaux de maisons ouvrières.

74° *Wegmann et C^{ie}, à Cassel, Allemagne* (Médaille de bronze). — A exposé des tableaux de maisons ouvrières.

75° *Karvitze-Oseriansky (sucrerie), gouvernement de Volhynie, Russie* (Médaille de bronze). — A exposé le plan d'une caserne ouvrière, la photographie du logement d'un maître ouvrier.

76° *Novolagansky (sucrerie), gouvernement de Boskine Russie* (Médaille de bronze). — A exposé des photographies et plans de maisons ouvrières.

77° *Société de la brasserie Prokhonousky à Moscou, Russie* (Mention honorable). — A exposé des documents relatifs aux habitations ouvrières.

78° *Société de la manufacture Brogorodsky-Gloukhesky, gouvernement de Moscou, Russie* (Mention honorable). — A exposé des dessins, photographies et descriptions des habitations et des modèles des casernes ouvrières.

79° *Compagnie des Peignes de caoutchouc durci, de Hambourg, Allemagne* (Mention honorable). — A.exposé des tableaux de maisons ouvrières.

80° *Raffinerie Gitynski, gouvernement de Volhynie, Russie* (Mention honorable). — A exposé des photographies d'habitations ouvrières.

81° *Sucrerie de Novo-Semetzky, gouvernement de Volhynie, Russie* (Mention honorable). — A exposé des documents relatifs aux habitations ouvrières.

82° *Casella (Léopold) et C^ie à Mainkur près Francfort-sur-le-Mein, Allemagne* (Mention honorable). — A exposé des tableaux de dortoirs et de maisons ouvrières.

83° *Société des fabriques de ciment, à Moscou, Russie* (Mention honorable). = A exposé des documents relatifs aux habitations ouvrières.

84° *Société métallurgique de Donetz, Russie* (Mention honorable). — A exposé des documents relatifs aux habitations ouvrières.

85° *Société Norsky à Moscou, Russie* (Mention honorable). — A exposé des documents relatifs aux habitations ouvrières.

86° *Usines métallurgiques Starakhovitzky, Russie* (Mention honorable). — A exposé des documents relatifs aux habitations ouvrières.

87° *Humphreys Limited*, à *Londres, Grande-Bretagne* (Mention honorable). — A exposé des documents relatifs aux habitations ouvrières.

88° *Baldus et fils à Friedrichsthal, Allemagne* (Mention honorable). — A exposé les plans graphiques de maisons ouvrières.

## III. — SOCIÉTÉS PHILANTHROPIQUES OU COMMERCIALES DE CONSTRUCTIONS OUVRIÈRES

Le Jury a décerné aux exposants de cette catégorie 49 récompenses, dont 4 Grands Prix, 14 médailles d'or, 14 médailles d'argent, 7 médailles de bronze et 10 mentions honorables.

La plupart de ces Sociétés sont purement philanthropiques, c'est-à-dire que leurs actionnaires ne touchent, en tout état de cause, qu'un intérêt modéré de leur argent et que les fonctions d'administrateurs y sont généralement gratuites ; mais, si toute idée de spéculation est écartée de leur fonctionnement, elles se souviennent de ce principe, si bien posé en 1889 par MM. Léon Say et Georges Picot, c'est que, dans l'œuvre des habitations à bon marché, il ne s'agit pas de faire de la charité ni de la bienfaisance ; il s'agit d'une œuvre d'une portée plus haute, une œuvre de solidarité sociale ; ce doit être une affaire, en ce sens qu'une bonne administration, assurant la rémunération modérée mais certaine du capital engagé, est nécessaire pour en faciliter le développement ; ceux qui s'associent d'une manière quelconque à cette tâche remplissent véritablement un devoir social et le Jury a été heureux de constater quels importants résultats ont déjà été obtenus partout, grâce à cette intime collaboration du capital et du travail. Le simple exposé de ce que sont ces Sociétés, du bien qu'elles ont fait et de celui qu'elles sont encore appelées à faire, suffira pour justifier d'une manière éclatante les appréciations dont nous avons été chargé d'être l'interprète.

1° *Société anonyme de logements économiques et d'alimentation de Lyon, France* (Grand Prix). — Le rôle considérable que joue cette Société dans la ville de Lyon explique facilement la haute récompense qui lui a été décernée : il suffit de rappeler les résultats qu'elle a obtenus sous la direction des hommes éminents qui sont à sa tête, et en particulier de son président, M. Félix Mangini. Ils sont assez éloquents pour parler d'eux-mêmes : du rapport présenté par le Conseil d'administration, le 14 mars 1900, il résultait que, pendant l'année 1899, soixante-deux logements nouveaux ont été mis à la disposition des locataires et, comme toujours, tous immédiatement occupés.

La Société possède aujourd'hui :

| | | | | | |
|---|---|---|---|---|---|
| En location. . . . | 114 | maisons contenant . . | 1.365 | logements |
| En construction. . | 3 | — qui contiendront | 20 | — |
| En projet sur terrain acquis. . . | 2 | — — | 52 | — |
| TOTAL GÉNÉRAL | 120 | maisons avec. . . . . | 1.437 | logements |

Dans un voyage récent, M. le Président de la République félicitait la démocratie lyonnaise de son ardent attachement aux œuvres sociales : la *Société anonyme de logements économiques et d'alimentation de Lyon* qui ne borne pas son activité à la seule branche des habitations ouvrières, contribue certes pour une large part à la réputation si légitime et si méritée de la grande cité.

2° *Société des habitations ouvrières à Copenhague, Danemark* (Grand Prix). — Le Danemark n'était représenté dans la classe 106 que par ce seul exposant ; mais à lui seul il représentait dignement ce noble petit pays.

Cette Société est, en effet, une Société d'ouvriers et il est intéressant de constater comment avec de la persévérance, de l'économie et un véritable sentiment de fraternité entre tous ses membres, elle est arrivée à de magnifiques résultats.

La Société de construction des ouvriers *(Arbejdernes Bygge-forening)* a été fondée en 1865 et a construit, en 1900, sa mille cent soixante-seizième maison.

Le but de la Société est de construire de petites maisons pouvant devenir la propriété des locataires.

Le nombre de ses membres était, le 31 décembre 1899, de 13.990.

La somme produite par les cotisations de ses membres, fixée à 35 öre (environ 50 centimes) par semaine, montait, au 31 décembre 1899, à cour. 5.769.930,21 (la couronne vaut 1 fr. 40 c.).

Par quelle combinaison la Société est-elle arrivée à ce résultat ?

Voici comment : le jour de la fondation il fut décidé qu'au moyen du capital qui serait économisé sur les cotisations des membres, on

bâtirait de petites habitations qui, au bout de dix années de cotisations mensuelles et régulières, pourraient leur être cédées comme
propriété. C'était là la tâche principale que se donnait la Société et
les chiffres ci-dessus montrent qu'elle a été accomplie d'une façon
satisfaisante pour le Danemark.

La Société a, depuis sa fondation jusqu'à la fin de 1900 construit
1.176 maisons, dont la plupart contiennent deux logements, composés
chacun de deux chambres et une cuisine, avec une ou deux mansardes, une décharge et une cave. Quelques-unes de ces maisons ont
des logements composés de trois pièces avec accessoires et une ou
deux mansardes. Cette année 56 maisons seront achevées.

La salubrité de ces maisons est établie par la comparaison
entre la mortalité à Copenhague et dans celles des maisons de la
Société qui sont situées sur le territoire de cette ville : il en résulte,
en effet, que le nombre de décès pour toute la capitale était de
19 0/00, tandis qu'il était seulement de 12 0/00 pour les maisons
de la Société.

L'activité toujours croissante de la Société résulte de ces simples
chiffres :

1866-1875, 169 maisons pour le montant de Cour. 1.043.177 04
1876-1885, 418         —                —        3.096.680 54
1886-1892, 333 .       —                —        2.721.823 »
1892-1899, 206         —  .             —        1.777.531 15

  Somme totale pour les maisons bâties . Cour. 8.639.210 73

  Déduction des sommes payées par les
   possesseurs, au 31 décembre 1899. .     5.348.078 82

  Dettes de ceux-ci vis-à-vis de la Société Cour. 3.291.131 91

Mais à qui sont attribuées les maisons?

Les maisons sont attribuées au moyen d'un tirage parmi ceux des
membres de la Société qui ont payé au moins 20 couronnes et ont
été six mois membres de la Société. Le tirage, auquel peuvent
assister les membres, se fait par le notaire public.

Si le membre qui gagne une maison ne désire pas la garder il
peut, tant qu'il n'a pas pris possession de cette maison, transférer
son droit à un autre. On a, paraît-il, payé parfois des sommes assez
considérables pour avoir le droit de prendre ainsi possession d'une
maison.

Mais il ne faut pas croire que le membre de la Société, qui ne
gagne pas une maison, soit une victime et ait à regretter le verse-

ment de ses cotisations. Cette contribution hebdomadaire, le membre qui la paie a le droit de demander qu'elle lui soit rendue au bout de sa dixième année comme membre, avec le bénéfice qu'elle a rapporté. Cette somme monte à 220 cour., tandis que les 35 ore qui véritablement ont été versés pendant les dix dernières années ne feraient que 182 couronnes.

En cas de décès d'un membre, son héritier peut demander le remboursement de la somme qui se trouve au compte du défunt.

Ces résultats donnent évidemment aux fondateurs et aux administrateurs actuels de cette Société le droit de déclarer qu'elle fonctionne « comme une assez bonne caisse d'épargne ».

3° *Société bordelaise des habitations à bon marché*. France (Grand-Prix). — Cette Société, dont l'œuvre a été considérable comme on va le voir et qui, sous l'impulsion de son très distingué administrateur délégué, M. Cazalet, a déployé une incessante activité, a occupé à l'Exposition de la classe 106 une place digne d'elle.

Outre l'exposition théorique, comprenant les graphiques, les tableaux et les brochures, elle a fait édifier à Vincennes une maison, grandeur naturelle, d'une valeur de 7.000 francs, construite exactement sur le modèle d'une de ses maisons de Bordeaux, avec le dernier progrès réalisé, le bain douche dont nous aurons à dire un mot tout à l'heure.

Fondée le 28 décembre 1893, elle se donnait pour programme de construire un groupe par an et elle y a été fidèle.

En 1894, était édifié le groupe Jean Dollfus, comprenant 14 maisons individuelles ; en 1896, le groupe Jules-Simon comprenant 28 maisons individuelles ; en 1896, le groupe Jules-Siegfried comprenant 15 maisons individuelles ; en 1897, le groupe Georges-Picot, comprenant 17 maisons individuelles ; en 1898, le groupe Émile-Cheysson, comprenant 7 maisons individuelles avec un bain douche par maison ; en 1899, le groupe Comte-de-Chambrun, comprenant 10 maisons individuelles, avec bains douches également.

En y comprenant une maison isolée, cela fait jusqu'à ce jour 92 maisons individuelles, abritant 92 ménages, c'est-à-dire donnant à chacune de ces familles un foyer.

Ces divers groupes ont été édifiés avec la préoccupation constante d'y apporter chaque fois une amélioration : on peut en juger par l'installation du bain douche dans chaque maison des deux derniers groupes : ce progrès, si important au point de vue de l'hygiène, a pu être réalisé grâce au concours d'une œuvre, à la tête de laquelle on retrouve les mêmes hommes que ceux qui avaient créé la société des Habitations et qui n'en sont pas à compter le zèle et le dévouement qu'ils mettent au service des œuvres philanthropiques. L'œuvre bordelaise des bains douches a réalisé, et d'une façon à trouver des imitateurs, l'idée ingénieuse et humanitaire d'un très distingué médecin de Rouen, M. Merry Delabost, ancien directeur de l'École de médecine de cette ville.

La situation financière de la Société est excellente.

Ces résultats satisfaisants à tous les points de vue sont dus, d'abord aux hommes éminents et dévoués qu'elle a la bonne fortune d'avoir à sa tête; puis aussi à ses actionnaires, qui lui sont restés constamment fidèles, ensuite à la Compagnie d'Orléans et à la Compagnie du Midi, qui lui ont consenti, chacune, un prêt de 100.000 francs; enfin à la Société française de crédit des Habitations à bon marché, qui lui a prêté 150.000 francs; tous ces prêts à un intérêt modéré.

La Société ne s'arrête pas dans son œuvre : elle songe à l'édification d'un nouveau groupe, le groupe Frédéric-Passy.

4° *Société anonyme des habitations économiques de Saint-Denis. France* (Grand-Prix). — Cette Société, fondée il y a huit ans, était appelée à rendre de grands services dans un centre aussi important que Saint-Denis; elle n'y a pas manqué sous la direction de son distingué Président, E. Naville : son capital a été porté à 450.000 francs. Elle a successivement construit deux groupes, l'un, la Ruche, contenant une population de 218 personnes; l'autre, le Foyer, édifié pendant le premier semestre de 1899, et qui, dès le mois de décembre de la même année, recueillait une population d'environ 60 personnes.

Cette Société avait récemment une bonne fortune trop rare pour ne pas être signalée : un généreux donateur lui faisait un don anonyme de 130.000 francs, qui était immédiatement appliqué à un nouveau groupe d'habitations à bon marché, pour lequel la Société a déjà choisi le terrain dans Saint-Denis et commencé les travaux.

Nous ne pouvons que souhaiter que ce nouveau groupe réalise aussi complètement que ceux déjà existants les qualités de salubrité et d'hygiène, dont le jury s'est montré particulièrement frappé : il a tenu, par la haute récompense accordée à cette Société, à montrer tout le prix qui s'attache à l'exécution parfaite de plans répondant très heureusement aux conditions exigées en pareille matière.

5° *Société immobilière nancéienne, Nancy, France* (Médaille d'or).
— La Société immobilière Nancéienne, une des plus anciennes Sociétés qui, en France, se soient occupées de la question de l'habitation ouvrière, a été fondée le 13 mai 1872.

Elle a trouvé son origine dans les douloureux événements de 1870. Après l'annexion, beaucoup d'Alsaciens et de Lorrains sont venus se fixer à Nancy : de 55.000 âmes, la population passa rapidement à 70.000 âmes. Une population nouvelle était venue s'établir dans les faubourgs de Nancy ; mais les logements faisaient défaut. Les nouveaux venus avaient élevé des baraques en planches sur des terrains vagues situés dans la banlieue de la ville; ils avaient loué de petites parcelles de terre, acheté des planches à crédit et construit des maisons misérables et malsaines, aussi bien au point de vue moral qu'au point de vue matériel.

Des hommes dévoués aux intérêts de la classe ouvrière, profondément émus de ce lamentable état de choses, cherchèrent le moyen d'y remédier dans la mesure de leurs forces ; c'est ainsi que naquit à Nancy l'idée de construire des logements ouvriers à bon marché.

Résumant les services rendus par la Société immobilière nancéienne, son dévoué administrateur délégué, M. Déglin, constate, avec une légitime fierté, qu'elle a créé cinquante-neuf propriétaires et que ses maisons collectives abritent cent cinquante-six familles, soit plus de sept cents personnes.

Elle a construit cinquante-neuf maisons isolées, d'un prix moyen de 5.500 francs, soit 324.500 francs.

Elle a acheté et organisé deux cités ouvrières, soit 102.569 francs.

Elle a construit quatre maisons collectives à loyer, soit 486.867 francs.

Elle a donc consacré à l'amélioration du logement ouvrier une somme d'environ 914.000 francs, près d'un million.

La Société immobilière nancéienne se préoccupe aussi, depuis plusieurs années, de la création d'une Société coopérative ouvrière des logements à bon marché : elle ne désespère pas d'aboutir prochainement à un heureux résultat.

6° *Société philanthropique de Paris, France* (Médaille d'or). —
La Société philanthropique constitue l'organisation la plus considérable qu'ait fondée de nos jours l'initiative privée pour soulager les besoins du pauvre. Fondée en 1780, cette œuvre, plus que centenaire, a vécu au moyen de souscriptions annuelles et de dons qui lui ont permis d'assurer ses services et d'étendre incessamment

ses bienfaits. Reconnue en 1839 comme établissement d'utilité publique, ayant dès lors le droit d'accepter les dons et legs qui lui étaient faits, la Société philanthropique a profité de toutes ses ressources pour créer des œuvres nouvelles. C'est ainsi qu'en 1888, avec le produit de certaines fondations, elle fut amenée à s'occuper des habitations ouvrières.

A cette date (fondation Heine), elle fait élever une première maison contenant 35 logements, rue Jeanne-d'Arc, 45 ; et, en profitant des améliorations signalées par l'expérience, trois autres maisons contenant 45 logements, boulevard de Grenelle, 63 logements, avenue de Saint-Mandé et 58 logements, rue Hautpoul. Puis de nouveaux dons ont permis d'élever trois nouvelles maisons, rue d'Alsace et à Clichy, comptant 67 logements (fondation Gouin), et, rue de Clignancourt, une maison de 38 logements (fondations diverses).

Les logements sont de deux ou trois pièces avec cuisine, water-closets, eau à discrétion et gaz. Le prix des loyers varie entre 169 et 377 francs, répondant à un loyer hebdomadaire de 3 fr. 25 à 7 fr. 25. Le terme trimestriel est payé d'avance.

Le revenu net est capitalisé et servira à édifier de nouvelles maisons.

7° *Société d'épargne et de construction de Berlin, Allemagne.* (Médaille d'or). — Cette Société a construit 350 logements modèles ; les plans en sont, très remarquables et ont attiré l'attention particulière du Jury.

8° *Le Coin du Feu, Saint-Denis (Seine), France* (Médaille d'or). — Cette Société, fondée le 18 août 1894, sous la forme de Société anonyme coopérative de constructions ouvrières à capital variable, ne compte parmi ses membres que des ouvriers ou des employés dont les ressources sont très modestes : elle a le droit d'être d'autant plus fière des résultats obtenus ; le 15 avril 1896, cinq maisons furent remises aux premiers actionnaires. Quatre ans après, le 15 avril 1900, elle inaugurait sa quarante-sixième maison, et elle possède déjà des terrains pour compléter la cinquantaine.

Son capital primitif avait été fixé à 30.000 francs; il est aujourd'hui décuplé et s'élève à 300.000 francs, en y comprenant la valeur des neuf maisons déjà attribuées en propriété à leurs occupants.

La Société a émis 300 obligations de 100 à 3 0/0.

La Caisse d'épargne et de prévoyance lui a consenti un prêt hypothécaire de 135.000 francs.

Les sommes versées au crédit du compte amortissement par les actionnaires locataires s'élèvent à 120.000 francs, lorsqu'ils n'étaient obligés par les statuts qu'à un versement d'environ 55.000 francs.

Ils sont ainsi en avance de 65.000 francs, dépassant du double les versements obligatoires.

Quant aux loyers, ils ont été payés avec la plus grande régularité; après quatre ans d'occupation, on ne constate qu'un retard de 11 francs. Ce sont là, nous le répétons, des résultats absolument remarquables auxquels le Jury a été heureux de donner sa consécration.

9° *Société des habitations ouvrières de Passy-Auteuil, France* (Médaille d'or). — La Société anonyme des habitations ouvrières de Passy-Auteuil, s'était donné pour but la construction de petites maisons salubres et à bon marché, dont le locataire puisse devenir propriétaire en vingt ans, par le paiement d'un amortissement compris dans son loyer : c'était une entreprise hardie à la porte même de Paris, où la cherté des terrains, comme de la main-d'œuvre, rendait l'opération plus difficile qu'ailleurs.

Voyons comment elle l'a réalisée : constituée pour trente années, le 25 mai 1882, au capital de 200.000 francs elle a construit 67 maisons, et dès 1893 M. Cheysson, avec sa grande autorité, résumait ainsi son œuvre : « La Société des Habitations ouvrières de Passy-Auteuil a rempli son programme et atteint son but. Aux prophéties décourageantes qui avaient accueilli sa tentative, elle a répondu par le succès. Elle a prouvé le mouvement en marchant; elle a démontré que, même à Paris, où le terrain et la construction sont chers, il était possible d'amener des ouvriers et des employés à la propriété de leur maison, sans aventurer les capitaux consacrés à cette œuvre, pourvu qu'elle soit gérée avec prudence et désintéressement ».

La Société avait déjà obtenu une médaille d'or à l'Exposition de 1889.

10° *Union foncière de Reims.* — La Société l'Union foncière de Reims a été fondée en 1870 par un groupe d'ouvriers dans l'espoir de faciliter aux travailleurs l'accès de la propriété. Elle fut constituée sur le modèle des *Buildings Societies* anglaises, sous forme de Société coopérative à capital variable. Pour atteindre son but, la Société acheta des terrains pour y construire des maisons qu'elle vendit par annuités; elle acquit des immeubles pour le compte de ses membres et elle leur donna la faculté de se libérer par à comptes ; elle prêta des capitaux aux personnes qui voulaient se construire une maison à leur guise et elle leur accorda un délai de vingt ans pour le remboursement des fonds prêtés.

A tous ces points de vue, sa tentative a été des plus intéressantes.

11° *Association fraternelle des employés et ouvriers des chemins de fer français.* — L'Association fraternelle des employés et ouvriers des chemins de fer français, qui rayonne sur toute la France et les Colonies compte actuellement plus de cent mille adhérents et possède un capital social de plus de 25 millions de francs.

Plusieurs séries de ses plans types, tels que ceux qui figuraient à son tableau d'exposition, sont déposées dans les 115 sections de l'Association et sont communiquées, sur demande, à tout sociétaire qui désire se faire construire une maison par les soins de l'Association. Ces plans n'ont rien d'absolu ; ils peuvent être modifiés par le sociétaire, soit au point de vue de la superficie, soit au point de vue de la distribution. Les seuls points sur lesquels il ne peut être apporté de modification sont : 1° le choix des matériaux, qui doivent être de première qualité ; 2° la direction et la surveillance de la construction qui doit être exécutée suivant les règles de l'art. Si le sociétaire veut devenir propriétaire de ladite maison, il doit, au début des travaux, verser à titre de garantie une somme équivalente au dixième de la valeur de l'immeuble ; les neuf autres dixièmes sont payables par un nombre d'annuités variant entre cinq et trente a la volonté du preneur, à la seule condition que la dernière annuité soit payée au plus tard lorsque le sociétaire atteint l'âge de 60 ans. Aux sociétaires possédant une certaine somme et qui veulent faire construire eux-mêmes, l'Association consent des prêts hypothécaires jusqu'à 50 0/0 de la valeur de l'immeuble. Ces prêts sont faits à 4 0/0.

L'Association fraternelle a commencé les opérations de cette nature il y a dix-huit mois seulement : elle a déjà fait édifier, tant en France qu'en Algérie, 72 maisons ouvrières pour une valeur de 515.000 francs.

Elle a décidé d'affecter chaque année une somme de 1 million à la construction de maisons ouvrières; on voit toute l'importance que prendra cette œuvre, qu'on ne saurait trop louer.

12° *Société des habitations salubres et à bon marché de Marseille, France* (Médaille d'or). — Fondée le 14 mai 1889 au capital de 350.000 francs divisé en 700 actions de 500 francs, elle a indiqué dans un tableau très intéressant ses vues directrices et ses caractères particuliers :

1° Objectifs poursuivis depuis dix ans dans une grande ville populeuse;

D'une part, appeler les capitaux honnêtes, en les ôtant peu à peu ou par contagion à ceux qui font de l'usure sur la construction des logements ouvriers, à cet emploi sûr, et d'une multiple portée sociale, par le service rendu à l'auxiliaire du capital, le travail.

D'autre part, propager parmi les familles ouvrières qui consacrent au loyer un tant pour cent un peu élevé du salaire par comparaison à d'autres villes, la conviction qu'un bon logement doit tenir la place d'honneur dans le budget domestique et éliminer, à son profit, les charges de l'alcoolisme, du tabagisme, etc.

2° Constructions : Dans des quartiers aussi divers que possible et par groupes peu étendus:

*a)* Pour les ménages à salaires réguliers et suffisants, de maisons collectives à appartements où l'autonomie du chez soi et l'indépendance respectives des pièces du logement sont les mêmes que dans les maisons à occupation bourgeoise ;

*b)* Pour les ouvriers qui n'ont pas de salaire stable ou dont le gain est trop chétif, de maisons collectives très modestes, mais offrant des minima d'hygiène et de décence substitués à des taudis;

*c)* Pour les familles de contre-maîtres ou d'employés, de maisons individuelles avec jardins (prêts hypothécaires amortissables).

3° Cumul de la construction directe et de prêts hypothécaires amortissables qui permettent à l'ouvrier ou à l'employé d'édifier son foyer où et comme il lui convient.

4° De plus, en 1889, la Société entreprend de faire bénéficier, les premiers, les petits logements du mouvement de déconcentration, qui, à la faveur de la transformation du mode de traction des tramways et de l'unification de leurs tarifs, permet aux familles d'ouvriers et d'employés de transférer leur habitation à la périphérie avec avantage hygiènique et économique (terrains acquis pour prêts hypothécaires sur le passage des tramways électriques).

13° *Société par actions de construction d'habitations à bon marché, Francfort-sur-le-Mein, Allemagne* (Médaille d'or). — La Société s'est imposé la tâche, à laquelle elle se voue maintenant sur une vaste échelle, de rendre la possession d'une habitation accessible aux ouvriers les plus mal rétribués.

14° *Société anonyme coopérative de maisons à bon marché Le Foyer Villeneuvois, France* (Médaille d'or). — Cette Société à capital variable, fondée en 1897, a, le 11 décembre 1898, inauguré le premier groupe de maisons à bon marché, élevées avec le produit d'une souscription publique ouverte par elle, ayant à peine une année d'existence.

Le groupe se trouve sur le territoire de Villeneuve-Saint-Georges, en bordure d'une plaine vaste et aérée, dans des conditions parfaites de salubrité. Il se compose de maisons isolées et de maisons jumelles formant un groupe de 8 pavillons, abritant 12 familles. L'idée primordiale étant surtout d'édifier des habitations où chaque famille puisse être logée dans des conditions parfaites d'hygiène, toutes ces maisons ont été construites pour être solides, résistantes et durables; elles tirent surtout leur nom de la combinaison financière d'esprit coopératif qui permet à chacun des sociétaires locataire d'en devenir propriétaire moyennant le simple paiement d'un loyer annuel, légèrement augmenté, pour permettre l'amortissement au bout d'un certain laps de temps.

Il est à souhaiter que le succès couronne les efforts d'une œuvre dont les débuts ont été heureux et qui, par son caractère coopératif, se présente dans des conditions exceptionnellement intéressantes.

15° *Société anonyme coopérative d'habitations à bon marché « La Ruche Roubaisienne », France* (Médaille d'or). — Fondée en 1893 par un groupe d'ouvriers et d'employés qui furent les premiers actionnaires, elle a pour but de faciliter à tous ses adhérents l'acquisition de leur maison d'habitation, qu'ils peuvent construire à leur goût, suivant leurs besoins et leurs moyens. Ses actionnaires étant tous des ouvriers ou des employés vivant de leur travail, la Société émet, au fur et à mesure de l'achèvement des constructions, des obligations de 100 francs rapportant 3 0/0 dont le montant doit être employé exclusivement à édifier des constructions.

Les obligataires nomment un comité de contrôle fonctionnant auprès de la Société et dont le rôle consiste simplement à s'assurer de l'emploi des fonds et à patronner l'œuvre dans ses émissions d'obligations.

L'amortissement se fait par le paiement mensuel d'un loyer représentant environ 7 1/2 0/0 par an de la valeur de la maison, se décomposant comme suit : 3 0/0 pour intérêt dû aux obligataires ; 1/2 0/0 pour frais d'administration ; 4 0/0 environ, suivant l'âge de l'actionnaire locataire, pour l'amortissement de la maison. Ces 4 0/0 représentent le montant d'une prime annuelle d'assurance mixte sur la vie contractée par l'actionnaire locataire au profit de la Société, et moyennant laquelle il devient propriétaire au bout de vingt ans, ou ses héritiers à son décès, s'il arrive avant cette date.

'Dès 1898, c'est-à-dire après trois années d'existence, la Société avait construit 98 maisons.

16° *Société belfortaine des habitations à bon marché, France* (Médaille d'or). — Fondée en 1898, elle avait à sa tête des hommes qui avaient vu de près l'œuvre admirable de Jean Dollfus à Mulhouse et qui ont fait profiter la Société Belfortaine de l'expérience acquise ; elle a pu ainsi éviter les tâtonnements du début et arriver promptement à obtenir des résultats, dont le jury a été heureux de constater l'importance. Son œuvre comprend également des maisons isolées et des maisons collectives ; la plupartsont affectées à de simples locations.

17° *Société rochelaise des habitations à bon marché, France* (Médaille d'or). - La Société Rochelaise des habitations à bon marché, fondée au capital de 50.000 francs, a actuellement un capital de 75.000 francs entièrement versés. De par ses statuts la Société promettait aux actionnaires un intérêt de 3 0/0 net d'impôts : il a toujours été régulièrement versé. La Société possède actuellement 25 maisons :

1° Un groupe de 4 maisons à étage louées toutes quatre avec promesse de vente.

2° Un groupe de 21 maisons sans étage entre cour et jardin.

Ces maisons sont mises en location simple ou en location avec promesse de vente. Dans le premier cas, le loyer est de 15 francs par mois ; dans le second, de 22 francs.

La maison à étage revient à 3.530 francs, et celle sans étage à 3.000 francs, terrain non compris dans les deux cas.

Les plans soumis au Jury lui ont paru bien étudiés.

18° *Société foncière de Xeuilley, France* (Médaille d'or). — Le personnel des usines à chaux de Xeuilley se compose d'environ 400 ouvriers, parmi lesquels un certain nombre de ménages complètement occupés à l'usine ; autrefois, ce personnel habitait les pays environnants ou bien dans de vieilles maisons du village transforméessommairementen habitations .

C'est pour remédier à cet inconvénient que fut créée en 1890 la Société foncière de Xeuilley, au capital de 120.000 francs, pour la construction de maisons d'ouvriers à bon marché. Dans cette entreprise, l'initiative patronale n'est pas restée seule en jeu ; le concours des capitalistes de la région a fourni environ moitié de l'apport social.

Les conditions principales du programme adopté pour ces maisons consistait, savoir : 1° à créer plusieurs maisons d'habitation isolées, dont la location devait être proportionnée à l'importance des ménages ;

2° Affecter à chaque maison une superficie moyenne de 600 mètres tant pour le jardin et la construction que pour les abords et la rue.

Deux types furent construits, l'un revenant à 5.200 francs et l'autre à 4.100 francs. En y ajoutant la valeur du terrain et les dépenses diverses, le prix de revient total s'élève à 6.000 francs pour les maisons à étage et 4.850 pour celles à simple rez-de-chaussée.

Chaque maison comprend deux logements, dont chacun est loué respectivement 150 francs ou 100 francs suivant le type adopté.

Les maisons commencées en août 1890 ont été habitées au mois d'avril suivant.

. Les nouvelles demandes faites par les capitalistes pour l'extension de la Société foncière ont démontré que les bienfaits de cette institution n'étaient pas plus méconnus des ouvriers que des actionnaires, ceux-ci recevant de leurs capitaux engagés dans l'affaire un revenu net de 4 0/0.

19° *Société par actions de constructions de Gladbach, Allemagne* (Médaille d'argent). — Tableaux de maisons ouvrières.

20° *Société d'Habitations à bon marché « La Ruche du Toulon ». Périgueux, France* (Médaille d'argent). — Photographies, plans, devis.

21° *Société « La Prudence » à Montceau-les-Mines, France* (Médaille d'argent). — Documents sur l'économie sociale.

22° *Société anonyme coopérative pour la construction des maisons ouvrières à Bologne, Italie* (Médaille d'argent). — Comptes rendus, dessins, statistiques.

23° *Association d'Épargne et de constructions de Hambourg, Allemagne* (Médaille d'argent). — Tableaux d'habitations ouvrières.

24° *Association Allemande « Arbeiterheim » à Bethel, Allemagne* (Médaille d'argent). — Tableaux de maisons ouvrières.

25° *Société « Ma Campagne », à Viroflay (Seine-et-Oise), France* (Médaille d'argent). — Plans et statuts. Société formée entre un certain nombre d'employés des Magasins du Louvre.

26° *Société civile coopérative de Consommation « La Famille », Saint-Denis, France* (Médaille d'argent). — Photographies et un dessin de maisons ouvrières.

27° *Société de constructions d'utilité publique de Berlin, Allemagne* (Médaille d'argent). — Tableaux d'habitations ouvrières.

28° *Société de constructions des ouvriers de la maison Schuckert, à Nuremberg, Allemagne* (Médaille d'argent). — Tableaux de maisons ouvrières.

29° *Société anonyme de construction de maisons à bon marché « Le Cottage d'Athis », France* (Médaille d'argent). — Deux tableaux de maisons ouvrières.

30° *Société anonyme rémoise pour l'amélioration des logements à bon marché, Reims, France* (Médaille d'argent). — Logements d'ouvriers à bon marché. Plans et notice.

31° *Société anonyme de constructions de Manhem, à Stockholm, Suède* (Médaille d'argent). — Dessins de maisons pour ouvriers, photographies.

32° *Société « L'Union » à Roubaix, France* (Médaille d'argent). — Tableaux, plans, maquettes, brochures.

33° *Société de constructions d'utilité publique d'Aix-la-Chapelle et de Burdscheid, Allemagne* (Médaille de bronze). — Tableaux de maisons ouvrières.

34° *Association d'Épargne et de constructions de Cologne-Nippes, Allemagne* (Médaille de bronze). — Tableaux d'habitations ouvrières.

35° *Société d'épargne et de constructions de Dortmund, Allemagne* (Médaille de bronze). — Tableaux d'habitations ouvrières.

36° *Société coopérative de constructions « La Propriété populaire », France* (Médaille de bronze). — Photographies, statuts, livrets, actions.

37° *Société anonyme cooperative d'habitations à bon marché « Le Foyer »*, *la Garenne-Colombes, France* (Médaille de bronze). — Deux tableaux d'habitations ouvrières.

38° *Société anonyme « Le Foyer du Travailleur, » à Pontoise, France* (Médaille de bronze). — Statuts, plans, situation financière.

39° *Société de Solidarité sociale à Caen (Calvados), France* (Médaille de bronze). — Documents divers.

40° *Société des habitations à bon marché de Fontainebleau, France* (Mention honorable). — Dessins, devis, plans, tableaux.

41° *Société coopérative édificatrice de Bellosguardo, à Florence, Italie* (Mention honorable). — Types de maisons sociales, plans, rapports.

42° *Société d'épargne et de constructions, à Laar, Allemagne* (Mention honorable). — Tableaux d'habitations ouvrières.

43° *Association d'épargne et de constructions, à Dusseldorf, Allemagne* (Mention honorable). — Tableaux d'habitations ouvrières.

44° *Association d'épargne et de construction d'Altendorf, Allemagne* (Mention honorabl). — Tableaux d'habitations ouvrières.

45° *Société de constructions d'utilité publique de Brême, Allemagne* (Mention honorable). — Tableaux d'habitations ouvrières.

46° *Association d'épargne et de constructions d'Euskirchen, Allemagne* (Mention honorable). — Tableaux d'habitations ouvrières.

47° *Association d'épargne et de constructions de Mülheim, Allemagne* (Mention honorable). — Tableaux d'habitations ouvrières.

48° *Société par actions de constructions de Linn, Allemagne* (Mention honorable). — Tableaux de maisons ouvrières.

49° *Société par actions de constructions d'utilité publique à Duisbourg, Allemagne* (Mention honorable).

## IV. — SOCIÉTÉS DE PROPAGANDE

### DE L'ŒUVRE DES HABITATIONS A BON MARCHÉ

A côté des Sociétés de construction, il y a dans l'OEuvre des Habitations à bon marché une place considérable pour des Sociétés d'un caractère purement scientifique s'attachant à réunir tous les documents relatifs à la question du logement des classes populaires en France et à l'étranger et contribuant par une propagande incessante aux progrès de l'œuvre à laquelle elles se sont consacrées.

Le Jury a été heureux de consacrer les éminents services qu'elles ont rendus par l'obtention de 12 récompenses, dont 4 Grands Prix, 5 médailles d'or, 1 médaille d'argent, 2 mentions honorables.

1° *Bureau central des Institutions de bien-être pour la classe ouvrière, Berlin, Allemagne* (Grand Prix). — Le titre seul indique le rôle qu'une pareille institution est appelée à remplir : centraliser tous les documents relatifs aux œuvres de solidarité sociale ; contribuer au développement de ces œuvres par le rayonnement des idées ; mettre à la disposition de toutes les Sociétés naissantes le fait de l'expérience acquise.

La part qu'elle a prise dans le développement des habitations ouvrières de l'Allemagne justifie la haute récompense que le Jury lui a décernée.

2° *Société française des habitations à bon marché de Paris, France* (Grand Prix). — Il est, certes, bien superflu de rappeler les éminents services rendus depuis sa fondation par une Société, qui est universellement connue de tous ceux qui s'intéressent à l'OEuvre des habitations ouvrières.

Fondée, au lendemain de l'Exposition de 1889, en exécution d'un vote du Congrès international, tenu au mois de juillet de cette année à Paris, elle avait pour but d'encourager dans toute la France la construction de maisons salubres et à bon marché. Déclarée d'utilité publique quelques mois après sa création, elle a tenu à justifier cet honneur exceptionnel par les résultats qu'elle n'a cessé d'obtenir. Son influence se retrouve, d'une manière directe ou indirecte, dans la formation de nombreuses Sociétés, et depuis la loi du 30 novembre 1894, elle a été l'auxiliaire autorisée du Conseil supérieur des Habilations à bon marché. Son influence a été partout prépondérante et elle peut légitimement revendiquer une large part des résultats obtenus en France dans les dix dernières années.

3° *Comité des habitations ouvrières de New-York, États-Unis* (Grand Prix). — Ce Comité a fait une propagande active et efficace pour arriver à l'amélioration des logements ouvriers à New-York.

Son exposition comprenait trois modèles de maisons ouvrières.

Ces modèles avaient pour but d'illustrer l'évolution des maisons ouvrières dans la ville de New-York.

Le premier plan montrait l'ancien modèle d'îlot, composé de maisons serrées, insalubres et sans air.

Le deuxième plan montrait le premier pas fait dans la voie du progrès, mais laissait encore beaucoup à désirer au point de vue de l'air et de la lumière.

Le troisième plan représentait une maison ouvrière modèle construite d'après les règles les plus strictes de l'hygiène.

Ces trois modèles étaient la reproduction exacte et fidèle d'îlots existant actuellement à New-York.

Pour compléter l'enseignement donné par ces plans, l'exposition comprenait encore soixante-six cartons encadrés, photographies et statistiques.

4° *Alliance syndicale, France* (Grand Prix).

5° *Washington Sanitary Company, États-Unis* (Médaille d'or). — C'est une des Sociétés qui comptent parmi les plus importantes de celles qui, aux États-Unis, concourent au développement des habitations hygiéniques et à bon marché.

6° *Bureau permanent des Conférences nationales des Sociétés d'habitations ouvrières, à Bruxelles, Belgique* (Médaille d'or). — Ce Bureau, qui complète, comme organe de propagande, l'œuvre si remarquable des habitations ouvrières en Belgique, que nous avons résumée plus haut, avait exposé entre autres documents pleins d'intérêt les rapports et procès-verbaux relatifs à la première conférence nationale des Sociétés d'Habitations ouvrières de Belgique, qui a eu lieu à Bruxelles, les 15, 16, 17 juillet 1898, sous la présidence de M. Paul de Smet de Naeyer, ministre des finances, chef de cabinet.

7° *United States Leagues, Cincinnati, États-Unis* (Médaille d'or).

8° *Compagnie belge d'Assurances générales sur la vie, Belgique* (Médaille d'or). — Nous avons vu, en exposant plus haut le système des habitations ouvrières de Belgique, le rôle considérable joué par les assurances : c'est grâce à leur développement, qui moyennant un très léger supplément d'annuités met le ménage ouvrier à l'abri de l'infortune et souvent des calamités d'un décès prématuré du chef de la famille, que l'œuvre de la Belgique a pris depuis dix ans son extension si considérable et la Compagnie belge d'Assurances générales y a contribué pour sa large part de propagande.

8° *Association pour le bien-être des classes ouvrières à Stuttgard, Allemagne* (Médaille d'or). — Les résultats qu'elle a obtenus par sa propagande ne pouvaient être mieux prouvés que par son exposition même dans la classe 106.

Diorama de la colonie ouvrière « Ostheim » sise près de Stuttgard et contenant des habitations pour 850 familles. Vues d'un *home* ouvrier (Arbeiterheim) contenant des logements pour 250 jeunes gens, des salles de lecture, d'études et une grande salle de conférences et de récréation.

9° *Ligue du Coin de Terre et du Foyer, France.* (Médaille d'argent. — Fondée en 1898 par un honorable député du département du Nord, M. l'abbé Lemire, elle a adopté des statuts dont la reproduction de quelques-unes de leurs dispositions suffira pour montrer toute l'excellence du but qu'elle poursuit et auquel le Jury ne pouvait qu'applaudir :

« La Ligue a pour but d'étudier, de propager et de réaliser par les moyens en son pouvoir, toutes les mesures propres à établir la famille sur sa base naturelle qui est la possession de la terre et du foyer.

» Au nombre de ces mesures la Ligue, range spécialement :

» 1° Celles qui ont pour but d'assurer la puissance permanente et autant que possible la propriété d'un coin de terre à cultiver et d'une habitation convenable pour toute famille honnête et laborieuse ;

» 2° De soutenir les sociétés pour la constrution d'habitations, ouvrières à bon marché et les coopératives qui ont le même but ;

» 3° D'amener les œuvres et les institutions de charité privée ou assistance publique à procurer à leurs assistés un coin de terre insaisissable et à leur faciliter la construction d'une maison ;

» 4° D'engager l'État, les départements et les communes à poursuivre le même but dans l'usage de leurs biens ;

» 5° De favoriser toutes donations ou legs affectés à des œuvres semblables ;

» 6° De réclamer le vote de lois déclarant insaisissable et exemptant d'impôt un bien de famille minimum et facilitant l'acquisition, la conservation et la transmission de ce bien ;

» 7° De constituer des caisses de loyer ;

» 8° D'intervenir auprès des pouvoirs publics pour obtenir des règlements conformes à l'hygiène et à la morale dans les questions de voirie et de construction de maisons ouvrières ».

10° *Aders'che Wohnungs Stiftung*, à *Dusseldorf*, *Allemagne* (Mention honorable). — Propagande en faveur des habitations ouvrières.

11° *Architectural Record*, à *New-York*, *États-Unis* (Mention honorable. — Propagande en faveur des habitations ouvrières.

## V. — TRAVAUX DE PROPAGANDE INDIVIDUELLE

### EN FAVEUR DU DÉVELOPPEMENT DES HABITATIONS OUVRIÈRES

A côté des sociétés de propagande, les hommes dévoués qui consacrent une partie de leur intelligence et de leur activité à l'œuvre des habitations ouvrières méritent la reconnaissance de tous, et le Jury ne pouvait manquer de récompenser le mérite de ceux qui avaient soumis à son appréciation le fruit de leurs travaux sous forme de publications ou de plans : il a décerné aux exposants de cette catégorie 26 récompenses, dont 3 médailles d'or, 4 médailles d'argent, 8 médailles de bronze, 11 mentions honorables.

1° *Challamel (Jules)*, à *Paris*, *France* (Médaille d'or). — M. Challamel avait exposé une très intéressante étude juridique concernant les habitations à bon marché, que le Jury a été heureux de récompenser comme il l'a fait ; mais ce qu'il faut dire ici, c'est que le Jury n'avait là à apprécier que la minime portée des services que M. Challamel a depuis de nombreuses années rendus à la cause des habitations ouvrières. Membre du Conseil supérieur des habitations à bon marché, de son comité permanent, il l'a habitué de longue date à des rapports de haute valeur et, cette année même, il avait pu déployer les qualités d'activité et d'intelligence qu'il met si vaillamment au service de cette cause dans l'organisation du Congrès international des habitations ouvrières qui s'est tenu au Palais de l'Économie sociale et dont M. Challamel a été l'actif et le dévoué Secrétaire général.

2° *Cacheux (Émile), à Paris, France* (Médaille d'or). — M. Émile Cacheux est un vétéran de la question des habitations ouvrières et son zèle a trouvé à s'exercer utilement au point de vue théorique comme au point de vue pratique.

Au point de vue théorique, nombreux sont les ouvrages qu'il a consacrés à la question et que de nombreuses récompenses dans des expositions antérieures ont appréciés à leur juste valeur : le Jury de la classe 106 a, à son tour, vivement apprécié les plans, ouvrages et documents qu'il a soumis à son appréciation.

Mais, joignant la pratique à la théorie, M. Émile Cacheux a loti 450.000 mètres de terrains dans Paris et aux environs, en employant le système des cités ouvrières de Mulhouse combiné avec celui des *Building Societies* anglaises, c'est-à-dire construction et vente de maisons par annuités, prêts d'argent aux personnes désireuses de construire à leur guise et facilités accordées pour le remboursement.

Membre du Conseil supérieur des habitations à bon marché, il est administrateur de beaucoup de Sociétés philanthropiques de construction d'habitations ouvrières, qui sont heureuses de profiter de sa grande expérience et de l'ardeur avec laquelle il s'est consacré à une idée, dont il est de longue date l'apôtre convaincu.

3° *Guyon, à Saint-Maurice (Seine), France* (Médaille d'or). — Les plans des maisons présentés par M. Guyon et dont le Jury avait pu voir les résultats dans l'exposition même d'une Société de construction dont M. Guyon avait été l'architecte, ont fait la plus vive impression sur lui par leurs remarquables qualités, et la récompense qu'il a obtenue en porte le témoignage.

4° *Baudran, à Beauvais (Oise), France* (Médaille d'argent). — Ouvrages sur les habitations ouvrières.

5° *Courtois-Suffit, Paris, France* (Médaille d'argent). — Projets de maisons, dessins sur châssis.

6° *Carré fils aîné et Cie, Paris, France* (Médaille d'argent). — Groupe d'habitations ouvrières en ciment.

7° *Verberckmoës, Paris, France* (Médaille d'argent). — Plans d'habitations ouvrières de Clichy.

8° *Malotau de Guerne, Paris, France* (Médaille de bronze). — Plans et photographies de la cité « Malotau » à Villeneuve-Saint-Georges.

9° *Mériot, à Châtillon-sous-Bagneux (Seine), France* (Médaille de bronze). — Maisons ouvrières et petites constructions diverses.

10° *Breuillier, à Saint Germain en Laye (Seine-et-Oise), France* (Médaille de bronze). — Châssis, plans, façades.

11° *Meissner, à Budapest, Hongrie* (Médaille de bronze). — Plans de maisons et cités pour ouvriers.

12° *Rilling, à Paris, France* (Médaille de bronze). — Plans d'habitations ouvrières accompagnés d'une notice.

13° *Bréchar, à Roanne (Loire), France* (Médaille de bronze). — Plan d'une cité ouvrière.

14° *Wuppermann, à Pinneberg, Allemagne* (Médaille de bronze). — Tableaux de maisons ouvrières.

15° *Van der Veken, à Louvain, Belgique* (Médaille de bronze). — Deux projets d'habitations ouvrières.

16° *Odelin, à Paris, France* (Mention honorable). — Notices et plans.

17° *Rechberg, à Hersfeld, Allemagne* (Mention honorable). — Tableaux de maisons ouvrières.

18° *Beautour, à Paris, France* (Mention honorable). — Plans divers.

19° *Pelletier, à Lons-le-Saunier (Jura) France* (Mention honorable). — Plans et dessins.

20° *Giré, au Puy (Haute-Loire), France* (Mention honorable). Plans de maisons ouvrières. Projet d'une cité ouvrière.

21º *Lionnet*, *à Château-Thierry (Aisne)*, *France* (Mention honorable). — Plans, coupes de maisons ouvrières.

22º *Cacheux (Jules)*, *à Billancourt (Seine)*, *France* (Mention honorable). — Plans de maisons.

23º *Gillot*, *à Paris*, *France* (Mention honorable). — Maquette d'ensemble d'un système de maison économique.

24º *Banneux*, *Etterbeeke*, *Belgique* (Mention honorable). — Documents relatifs aux habitations ouvrières.

25º *Rabenek*, *à Moscou*, *Russie* (Mention honorable). — Documents relatifs aux habitations ouvrières.

26º *Terestchuko*, *à Volkynie*, *Russie* (Mention honorable). — Documents relatifs aux habitations ouvrières.

Pour être absolument complet et n'oublier aucun des 204 exposants récompensés, nous devons encore mentionner deux noms qui ne rentrent dans aucune des cinq catégories mentionnées plus haut.

1º *Driessens*, *à Saint-Denis*, *France* (Médaille d'or). — Son œuvre est tout à fait originale et digne d'être remarquée.

Mettant du terrain à la disposition d'ouvriers honnêtes, qui lui payaient ce terrain par annuités et quand ils le pouvaient, il a vu s'élever plus de 400 maisons construites par les ouvriers eux-mêmes le dimanche, les jours de fête et les jours de chômage ; de plus, son terrain se trouvant près de la zone militaire, il sous-loue à chacun des possesseurs de son terrain, moyennant une somme minime, une parcelle des terrains de cette zone dont il est devenu locataire principal.

2º *Thévenet*, *à Magenta (Marne)*, *France* (Médaille d'argent). — A doté, comme maire de sa commune, ses concitoyens d'une cité ouvrière intéressante.

## Collaborateurs.

Le jury de la Classe 106 a donné aux collaborateurs de ses divers exposants un nombre de récompenses qui, au premier abord, pourrait paraître exagéré au regard du nombre même des exposants, si une explication nécessaire n'était donnée.

Nous avons dit plus haut que la Caisse générale d'épargne et de retraite de Belgique et l'Office du Travail du même pays avaient en réalité fait une exposition collective et qu'ils représentaient d'un côté environ cent trente Sociétés anonymes ou coopératives prêtant leur crédit et leur appui à la construction d'habitations à bon marché, de l'autre plus de cinquante Comités de patronage ; associés par la propagande et le contrôle à la même œuvre.

Le jury, sous cette forme de collaboration a récompensé les présidents et secrétaires des plus utiles de ces Sociétés, des meilleurs de ces Sociétés de patronage et aucune récompense ne paraît certes être mieux attribuée : leurs noms figurent dans la liste complète annexée à ce rapport. Nous ne ferons ici qu'une exception pour M. Lepreux, directeur général de la Caisse d'épargne, auquel le jury a décerné un grand prix de collaborateur ; bien que dans l'exposé si remarquable qu'il a fait au Congrès international, M. Lepreux eût reporté tout le mérite de l'œuvre accomplie en Belgique sur son prédécesseur M. Mailhon, le jury en lui accordant cette haute récompense a voulu lui faire la part qui lui revient si légitimement.

Pour l'ensemble des exposants, le jury a décerné moins de quatre-vingts récompenses de collaborateurs et il n'a ainsi que faiblement récompensé tous ces hommes dévoués qui, dans les Sociétés philanthropiques donnent d'une manière absolument désintéressée et sans marchander leur temps et leurs soins aux œuvres sociales, dont l'heureux développement procure à leurs consciences la seule satisfaction morale qu'ils recherchent.

Les directeurs et ingénieurs, qui dans les œuvres patronales s'attachent au développement de ces œuvres avec zèle et dévouement, montrant ainsi le sentiment de solidarité qui les unit au personnel dont ils sont les chefs, ne méritaient pas moins la même marque d'estime.

Leurs noms à tous figurent dans la liste complète de ces récompenses annexée à ce rapport.

Après ce trop long et cependant si incomplet résumé de ce qu'a été l'exposition de la Classe 106 ; car il ne pouvait reproduire l'impression bienfaisante qu'on emportait de la vue même de tous ces plans, de ces tableaux, de toutes ces œuvres ou l'on sentait, bien au-dessus des préoccupations égoïstes ou personnelles, un grand souffle humanitaire et généreux, la réponse à la première question qui s'imposait à l'attention du jury n'est pas douteuse ; oui, dans tous les pays civilisés le mouvement en faveur des habitations ouvrières a continué, il est en progrès ; les efforts, chacun dans leur sphère, de grandes administrations pour le personnel de l'État, de patrons dans la grande industrie, d'hommes dévoués à l'œuvre et mettant leur activité au service de sa cause soit par leurs travaux personnels, soit par la participation aux Sociétés de tout genre, Sociétés de crédit, Sociétés de construction, Sociétés de propagande, tous ces efforts attestent hautement que le devoir social, suivant l'expression des éminents rapporteurs de 1889, est mieux compris à la fin du XIXe siècle.

# LE LOGEMENT OUVRIER

A LA FIN DU XIX<sup>e</sup> SIÈCLE

Si l'exposition de la classe 106 était suffisante à elle seule pour répondre hardiment à la première question posée, il ne sera pas de trop pour éclairer de toute la lumière possible la solution de la seconde, de la compléter par d'autres éléments qui peuvent y concourir, et dont nous avons déjà dit un mot, le Congrès international tenu à Paris au Palais de l'Économie sociale et l'œuvre législative accomplie depuis dix ans dans divers pays.

*Congrès international.* — Le Congrès qui a ouvert ses séances le lundi 18 juin sous la présidence de M. Jules Siegfried, comptait parmi ses membres des représentants autorisés de tous les pays civilisés ; pendant les quatre jours qu'il a siégé du 18 au 22 juin, nombreuses ont été les questions de toute nature, dont l'examen a prouvé la haute compétence de ceux qui ont pris part à ces débats ; nous ne voulons ici qu'appeler l'attention sur deux des décisions prises.

Sur le rapport de M. Émile Cheysson, au nom d'une Commission ou se trouvaient des représentants de l'Allemagne, de l'Autriche, de la Belgique, des États-Unis, de la France, de la Grande-Bretagne et des Pays-Bas, le Congrès décida l'organisation définitive du Comité international des Congrès des habitations à bon marché.

Il faut citer l'article 1<sup>er</sup> de cette délibération : « Il est constitué un Comité permanent des Congrès internationaux des habitations à bon marché, destiné à servir de lien entre les fédérations nationales ou groupements similaires qui, dans les divers pays, centralisent le mouvement en faveur de cette question. »

Ce peut-être là pour l'avenir un instrument précieux de propagande et d'activité, dont l'importance ne saurait être méconnue.

Sur un rapport de M. Eugène Rostand, travail remarquable à tous points de vue, la grave question de l'intervention des pouvoirs publics avait été mise à l'ordre du jour ; la vivacité et la chaleur des débats, qui n'ont pas cessé pour cela d'être absolument courtois, ont prouvé toute l'importance du problème qui était soulevé.

L'intervention directe des pouvoirs publics, États et municipalités, rencontra d'aussi vifs partisans que d'ardents adversaires ; aussi sur ce point spécial le Congrès divisé ne put se mettre d'accord que sur une formule qui écartait toute solution : « Considérant que l'intervention de l'État dans la construction des habitations à bon marché peut varier dans chaque État, suivant la constitution, les mœurs publiques et la gravité du mal à guérir, le Congrès déclare que la question ne comporte pas de solution générale et la renvoie aux futurs Congrès nationaux des divers pays représentés. »

Mais ce qui est intéressant, c'est, au milieu même de ces divisions, de voir l'accord proclamé à la presque unanimité sur les points suivants : « Les pouvoirs publics ont un rôle exact et considérable à remplir dans le mouvement d'amélioration des habitations populaires :

» 1° Ayant la responsabilité de la salubrité générale, ils puisent dans cet ordre d'obligations les droits qui y correspondent.

» 2° Au regard de leurs agents, ils ont qualité comme patrons ou entrepreneurs pour leur procurer des habitations satisfaisant à certaines exigences et pour leur faciliter l'accession à la propriété de la maison de famille.

» 3° En vertu de leur fonction générale d'activer l'évolution naturelle vers le progrès, ils peuvent promouvoir et soutenir les tentatives de l'association et de l'individu par un concours à modes variés, notamment :

» Par des enquêtes sur l'état des logements ouvriers.

» Par des atténuations fiscales, soit permanentes, soit temporaires, portant soit sur les impôts nationaux, soit sur les taxes locales, ces atténuations devant être assez sensibles pour être efficaces.

» Par des subventions, promotrices ou auxiliatrices, soit aux groupements qui propagent la réforme, soit aux Sociétés qui la réalisent, subventions qui peuvent être soit en argent, soit en nature.

Par la suppression des obstacles qui entravent les agents d'amélioration dans l'obtention de capitaux peu onéreux, par exemple en ouvrant des facilités de crédit ou d'assurances auprès d'établissements publics ou d'utilité publique qui possèdent des patrimoines propres et comme emploi de ces patrimoines ;

Par des facilités latérales, de nature à seconder le mouvement, par exemples par le développement des moyens économiques de circulation urbaine rapide, qui permet aux familles les plus humbles de loger à la périphérie des villes, sans perte sensible de temps pour se rendre sur le lieu du travail ;

» Et même par une collaboration aux entreprises d'amélioration, soit par voie de prêts remboursables, soit par souscription d'actions de Sociétés, pourvu que ce mode soit limité et soumis à des conditions circonspectes. »

On voit que de l'aveu de tous pour ainsi dire, même des esprits les plus modérés, le Congrès international a tracé pour les pouvoirs publics un programme, dont l'exécution seule amènerait déjà de notables modifications à l'état de choses actuel et donnerait d'amples satisfactions à de nombreux et modestes intérêts.

*Œuvre législative des dix dernières années.* — Il est peu de pays qui depuis dix ans n'ait vu le législateur intervenir d'une manière quelconque pour activer le mouvement de réforme des habitations populaires ; non pas qu'il ,y ait beaucoup d'exemples d'États se faisant directement constructeurs de maisons. et comme conséquence gérants de ces maisons, encourant par suite le reproche ou de louer trop cher ou de faire une concurrence déloyale aux propriétaires voisins avec l'argent du contribuable, mais, en dehors de cette intervention directe, que de moyens l'État n'a-t-il pas de se montrer sympathique à une pareille œuvre, soit en donnant l'exemple comme patron vis-à-vis du personnel ouvrier qu'il occupe dans ses diverses administrations, soit en encourageant par certains allègements fiscaux les efforts de l'initiative privée ?

C'est sous cette double forme que, nous allons le voir, s'est exercée de préférence l'action législative de la plupart des pays.

En *Allemagne*, la loi prussienne du 13 août 1895 a mis 5 millions de marks à la disposition du Gouvernement pour améliorer le logement des ouvriers et employés des administrations industrielles de l'État: 1° par la construction de maisons qu'on leur louerait à un loyer fixé de manière à comprendre un intérêt convenable du capital employé, l'amortissement, les frais d'administration et d'entretien ; 2° par des prêts pour construction.

Une loi saxonne de 1892 autorise l'État à employer 1.500.000 marks à loger les ouvriers et employés de chemins de fer ; en 1898, une somme égale fut votée pour la construction d'habitations ouvrières.

En *Angleterre*, la législation s'est proposé deux buts : arriver à l'assainissement des villes par la destruction des maisons insalubres et même de quartiers entiers ; encourager la construction des maisons ouvrières. De 1851 à 1890, on n'avait pas enregistré moins de dix-sept actes relatifs à ce sujet. Ils ont été remaniés et fondus dans une loi du 18 août 1890. Une première partie, relative aux expropriations d'ilots de maisons jugées insalubres, autorise l'autorité locale, avec l'approbation du Parlement, à acquérir des terrains et à traiter avec des Sociétés ou avec des particuliers pour l'exécution, sans pouvoir, sauf permission formelle, entreprendre elle-même la reconstruction et, si elle reçoit cette permission, avec obligation de vendre les maisons dans dix ans. La deuxième partie traite des habitations insalubres. La troisième s'occupe des maisons destinées à loger les ouvriers ; l'autorité locale peut demander au Conseil de comté la transformation d'un ilot, et, après enquête, est autorisée à se placer sous le régime de la loi qui lui permet d'acheter des terrains, d'acquérir ou louer de particuliers ou de Sociétés pour construire des habitations de ménages ouvriers, de les gérer et louer ; les commissaires des prêts pour travaux publics peuvent faire aux Compagnies de chemins de fer, de docks, de travaux de ports, aux Sociétés d'habitations-ouvrières, aux Sociétés commerciales ou industrielles employant des ouvriers, à tout particulier ayant sur un terrain un droit d'au moins cinquante ans de durée, des avances pour construire ou améliorer des maisons ouvrières, pour en faciliter ou encourager la construction, le délai de remboursement ne pouvant excéder quarante ans.

En 1899, le Parlement a voté une loi qui autorise les autorités locales à emprunter auprès des commissaires des prêts pour travaux publics et à prêter aux particuliers pour faciliter l'acquisition de petites maisons jusqu'à concurrence des quatre cinquièmes de l'estimation et d'un maximum de 240 livres sterling (6.048 fr.) avec remboursement dans trente ans au plus, à un taux d'intérêt ne pouvant excéder 2 1/2 0/0 au-dessus du taux de l'emprunt ; des prescriptions détaillées réglementent ces prêts, dont la première condition est l'occupation personnelle de la maison par l'emprunteur.

*En Autriche*, la loi du 9 février 1892, tendant à favoriser la construction d'habitations ouvrières, exempte de divers impôts les maisons construites pour être louées exclusivement à des ouvriers et pour leur procurer des habitations saines à bon marché, quand ces maisons sont édifiées par les communes, les Sociétés, les établissements d'utilité publique en faveur d'ouvriers, les associations ouvrières en faveur de leurs membres, les chefs d'entreprise en faveur de leurs ouvriers. L'immunité est de vingt-quatre ans après l'achèvement de la maison ; elle n'a effet que dans les provinces où les constructions de l'espèce bénéficient de l'exemption des impôts locaux en vertu de la législation locale ou du dégrèvement des taxes municipales. La loi détermine les espaces habitables et fixe le loyer maximum par mètre carré d'espace habitable.

*En Belgique,* la loi du 9 août 1889 a organisé un large concours de la Caisse générale d'Épargne sous la garantie de l'État par voie de prêts aux Sociétés de construction et de crédit pour construction d'habitations ouvrières et aux particuliers ; et nous avons vu les résultats qui ont été obtenus.

De plus, l'intervention des pouvoirs publics s'est manifestée par des mesures fiscales tendant à provoquer l'éclosion de Sociétés intermédiaires et à encourager leur développement en facilitant leur fonctionnement. Ainsi les articles 10, 12, 13, 14 et 16 de la loi du 9 août 1889, modifiée par celles du 10 juillet 1892 et du 18 juillet 1893, stipulent, notamment, l'exemption de la contribution personnelle et de toutes taxes communales ou provinciales analogues pour les habitations occupées par les ouvriers s'ils ne sont pas propriétaires d'un immeuble autre que celui qu'ils habitent et s'ils ne cultivent pas pour eux-mêmes au delà de 45 ares ; ces exemptions sont accordées si l'immeuble ne dépasse pas un revenu cadastral établi d'après l'importance de la commune où il est situé. Les actes des Sociétés sont exemptés du droit de timbre, enregistrés, inscrits et publiés gratuitement aux annexes du *Moniteur* belge. En outre, les actes de vente et de prêt sont enregistrés à un droit réduit de 50 0/0 environ.

Non content de cette intervention, le Gouvernement chercha à provoquer le concours des administrations de bienfaisance. Par les circulaires du 6 mai 1891 de M. le Ministre de la Justice, du 22 mai de la même année de M. le Ministre de l'Agriculture et des Travaux publics, et du 1er décembre 1897 de M. le Gouverneur de la province de Brabant, l'attention des administrateurs des établissements de bienfaisance a été particulièrement attirée sur les avantages que présente la souscription d'actions de Sociétés de crédit et de construction.

*Au Brésil,* un décret législatif du 9 décembre 1892 exempte pendant vingt ans de l'impôt foncier et de l'impôt de transmission les entreprises qui s'organisent en vue de construire des habitations à bon marché dans la ville de Rio et ses faubourgs, d'après des plans approuvés par le Gouvernement. Un décret du 8 février 1888 accorde à un concessionnaire des exemptions pendant vingt ans des droits de douane sur les matériaux de construction et pendant quinze ans de l'impôt foncier, moyennant l'obligation de percevoir des loyers ne pouvant excéder certains maxima.

Ces décrets, antérieurs aux dix dernières années, ont encore leur effet à l'heure actuelle.

*Danemark.* — Une loi du 28 février 1898 autorise le Ministre des Finances à consentir sur les fonds du Trésor jusqu'en 1907 et dans les limites d'un maximum global de 2.800.000 francs des prêts à 4 0/0 amortissement compris, aux communes et aux Sociétés qui construiront des habitations ouvrières bonnes et salubres, sous condition que l'excédent possible soit employé à l'amortissement de l'œuvre.

*En France*, la loi du 30 novembre 1894, due à l'initiative éclairée de M. Jules Siegfried, affranchit des contributions foncière et des portes et fenêtres pendant cinq ans et jusqu'à une valeur déterminée les maisons individuelles ou collectives destinées à être louées ou vendues à des personnes qui ne sont propriétaires d'aucune maison ; elle exempte de diverses taxes, notamment de la patente, de l'impôt sur le revenu en certaines conditions, les Sociétés approuvées de construction ou de crédit pour construction d'habitations à bon marché, dispense des droits de timbre et d'enregistrement les actes de constitution et de dissolution de ces Sociétés; elle permet de fractionner la perception des droits de mutation sur la vente des maisons à bon marché construites par les bureaux de bienfaisance, les hospices et les hôpitaux, les Sociétés de l'espèce, les particuliers ; elle institue des comités locaux qui peuvent recevoir des subventions de l'État, des départements, des communes; elle ouvre aux Sociétés d'habitations à bon marché des facilités d'emprunt auprès d'un établissement public central, la Caisse des dépôts et consignations et de certains établissements publics locaux.

Il a été créé auprès du Ministre du Commerce, pour surveiller les diverses Sociétés, un Comité supérieur des habitations à bon marché avec une section permanente.

La loi du 20 juillet 1895 a accordé des facilités d'emprunt également limitées auprès des caisses d'épargne.

*Aux Pays-Bas*, un projet de loi a été proposé le 11 septembre 1899 pour reconnaître aux conseils communaux, au besoin à l'État lui-même, le droit d'avancer des fonds aux constructeurs obligés de procéder au renouvellement de leurs habitations ou aux associations se proposant l'amélioration des logements populaires.

*En Russie*, si on ne se trouve pas en présence d'une législation proprement dite, il ne faut pas croire que les autorités publiques se soient désintéressées des questions concernant les logements ouvriers ; depuis 1892 grâce au concours des inspecteurs de fabrique et des médecins sanitaires, les autorités locales ont publié de nombreux règlements sur les conditions d'hygiène et de salubrité des logements ouvriers et c'est ainsi que leur amélioration a été obtenue.

*En Suède*, en 1891, l'État décida de concéder certains terrains à des particuliers pour une période de vingt ans au maximum, à charge par le concessionnaire de cultiver le terrain, d'y élever les bâtiments nécessaires ou d'y exécuter certains travaux contre rétribution. En échange, le concessionnaire est, pendant un nombre déterminé d'années, exempt d'impôts et obtient, une fois les constructions achevées, une certaine indemnité.

En 1894, l'État, dans le but expressément défini de fournir aux indigents et aux classes non aisées l'occasion d'établir des exploitations agricoles qui leur appartiendraient en propre, a consenti à ce qu'un morcellement complet ou partiel des domaines de la Couronne, dont la vente aurait été décidée par résolution antérieure, eut lieu chaque fois que ces domaines, par suite de circonstances spéciales auraient été reconnus propres à un morcellement de ce genre.

# CONCLUSIONS

Les manifestations successives et diverses, que nous venons de rappeler en faveur du développement des habitations ouvrières, si elles ne suffisent peut-être pas à établir d'une manière absolue l'état actuel et les conditions des logements ouvriers à la fin de ce siècle, ce que seule pourrait faire une enquête générale, jettent du moins assez de lumière sur leur situation générale pour pouvoir en tirer les conclusions nécessaires. D'abord l'expérience a établi la vérité de certains principes qu'on peut hautement proclamer avec l'adhésion unanime de tous ceux qui se sont préoccupés de ces questions.

I. Tout en rendant hommage à l'œuvre si hardie et de si généreuse initiative, entreprise par Jean Dollfus, il est admis qu'il faut autant que possible écarter la cité ouvrière, multiplier les centres de construction et éviter l'uniformité de l'habitation.

II. Sauf exception, les œuvres patronales doivent se consacrer à la simple location des habitations ouvrières; il y a de multiples inconvénients à mettre l'ouvrier dans la nécessité ou de se sentir lié à l'usine, près de laquelle il a commencé à acquérir une propriété, où pour recouvrer son indépendance à renoncer à l'espoir qu'il avait légitimement conçu.

III. La meilleure manière de faciliter l'acquisition de la propriété de l'ouvrier, c'est, soit par des avances patronales, soit par des sociétés de construction et de crédit, de mettre à sa disposition le crédit nécessaire, facilité par les combinaisons des assurances sur la vie, pour acquérir, par voie d'annuités, la maison dont il aura choisi lui-même le plan et l'emplacement.

IV. Si en cette matière tous les résultats acquis sont bons et méritent d'être encouragés, que le but poursuivi soit, dans l'intérieur d'une grande cité, de donner à l'ouvrier même un petit appartement, pourvu qu'il soit salubre, ou, aux environs des grandes usines, de l'arracher à l'exploitation de quelque logeur professionnel, il importe néanmoins de proclamer que l'acquisition d'un foyer de famille réalise, là où elle est possible, un idéal supérieur; plus hautement et plus efficacement que par l'action de lois pénales, on développe chez lui des sentiments et des habitudes de vie intérieure qui le mettent à l'abri de certains fléaux comme l'alcoolisme, notamment, dont les progrès si rapides préoccupent à juste titre pour l'avenir de notre race.

En second lieu, ce qui est plus important, nous devons pour l'avenir, et en ce qui concerne particulièrement la France, rechercher les enseignements que nous pouvons tirer de l'admirable spectacle que nous avons eu sous les yeux ; notre pays, en appelant à ce solennel rendez-vous de l'Exposition de 1900 toutes les nations civilisées, n'a pas craint de leur montrer largement tout ce dont la France était capable dans toutes les sphères de l'activité humaine ; mais, par une juste réciprocité, il s'est réservé de bénéficier de ce que les expositions étrangères lui donneraient de mettre à profit. Voyons, dans la modeste sphère des habitations ouvrières, ce que nous pouvons en tirer pour le développement d'une œuvre dont les progrès les plus rapides ne peuvent marquer le terme lointain, malgré l'action indirecte de deux faits qu'il faut signaler en passant.

Dans les grandes cités, la création de moyens de communication à bon marché et rapides, en supprimant les distances, a déjà arrêté le mouvement de concentration exagéré de population dans les quartiers du centre et permis aux ouvriers de se loger aux extrémités plus saines et plus salubres de ces villes, sans sacrifier les conditions de leur travail quotidien. Dans les milieux industriels, les progrès incessants de la science peuvent demain amener, ce qui serait un bienfait social, la transformation de ces grandes usines si funestes à la vie de famille et mettre, à côté du travailleur isolé, le moteur mécanique, instrument de son travail quotidien, sans qu'il ait besoin d'aller le chercher au dehors.

Mais, quoi qu'il en soit de ces deux faits, dont l'un est encore problématique, la question de l'amélioration du logement ouvrier restera encore longtemps actuelle pour un trop grand nombre ; il est donc utile de rechercher dans quelles mesures les expositions de nos hôtes peuvent nous aider dans la voie du progrès.

Comme on l'a vu par les récompenses qui ont été décernées, si la France a tenu sa place à l'Exposition de la Classe 106, elle a eu des concurrents dignes d'elle : en rendant justice à tous, nous pensons cependant que quelques points doivent être retenus plus spécialement.

Des nations étrangères, comme l'Allemagne, nous ont montré l'État agissant comme patron, n'hésitant pas à donner l'exemple de la sollicitude pour le personnel ouvrier qu'il occupe dans ses divers établissements, allant jusqu'à inscrire au budget général de l'État des crédits pour prêts gratuits aux ouvriers, afin de les aider à de venir propriétaires et remboursables par annuités. D'autres, comme l'Angleterre, nous ont montré le législateur donnant aux municipalités la faculté, lorsque certains îlots sont insalubres, après avoir fait démolir, de reconstruire ces quartiers ou de prêter les fonds municipaux à des Sociétés pour leur reconstruction.

Enfin la Belgique nous a montré l'exemple d'un pays dix fois moins grand que la France et ayant par le concours de la Caisse générale d'Épargne, prêtant en dix ans à cent vingt Sociétés coopératives ou anonymes, de construction et de crédit intermédiaires, la somme de 32 millions, rendu dans cet espace de temps 15.000 ouvriers propriétaires, ce qui, toutes proportions gardées, ferait pour la France une somme de 320 millions consacrés à une pareille œuvre et 150.000 ouvriers ayant eu accession à la propriété. C'est ce dernier exemple qui s'impose évidemment le plus à notre attention et qui doit fixer notre conclusion.

Aussi, nous la formulerons très nettement comme il suit :

1° Il y a lieu de procéder à une enquête générale sur les conditions de l'habitation ouvrière dans les grandes villes et dans les grands centres industriels.

2° C'est par le concours de la Caisse des dépôts et consignations et des Caisses d'Épargne qu'une vive impulsion peut être donnée à la construction d'habitations ouvrières à bon marché.

En arrivant à cette conclusion par la conséquence logique de l'ensemble des faits qui ont passé sous les yeux du jury, nous ne faisons que confirmer les rapports du Conseil supérieur des habitations à bon marché à M. le Président de la République, publiés au *Journal officiel* du 4 avril 1900 et dont les auteurs étaient trois hommes dont les noms sont intimement attachés à cette grande œuvre de l'habitation ouvrière par les éminents services qu'ils lui ont rendus MM. Jules Siegfried, Georges Picot et Cheysson.

Nous pensons qu'ici nos conclusions ne doivent pas rester dans le vague et que nous devons indiquer d'une manière précise comment nous comprenons l'enquête générale ; comment nous pensons que l'intervention des Caisses d'Épargne doit être stimulée.

M. Georges Picot constatait que l'enquête générale n'avait pas pu aboutir jusqu'alors ; le Conseil supérieur, à notre avis, n'en avait pas les moyens.

Si on veut sincèrement aboutir, cela ne peut se faire qu'avec le concours de l'État, ouvrant à son budget un modeste crédit et faisant appel avec son autorité souveraine à la participation des municipalités des grandes villes et des Comités départementaux institués en vertu de la loi du 30 novembre 1894.

Nous rappelons ici que le Congrès international, sur le rapport de M. Eugène Rostand a indiqué les enquêtes sur l'état des logements ouvriers comme rentrant dans l'ordre d'idées où les pouvoirs publics ont un rôle considérable à remplir.

Si on veut que les Caisses d'Épargne suivent l'exemple qu'a donné depuis longtemps la Caisse d'Épargne de Marseille, qu'ont suivi plus récemment la Caisse d'Épargne de Troyes et quelques autres, il faut que ne se bornant pas à la circulaire, excellente du reste, que le Ministre du Commerce a envoyée en 1897 à ces établissements, on n'hésite pas à renouveler, sans jamais se lasser, les appels indispensables pour que les Caisses d'Épargne, les bureaux de bienfaisance et les hôpitaux profitent des avantages qui leur sont donnés par les lois du 30 novembre 1894 et celle du 20 juillet 1895.

Il appartient aux pouvoirs publics de ne point se désintéresser de la question et l'on ne peut que souhaiter la pacifique et salutaire agitation qui secouerait toutes les inerties.

Tout récemment un homme politique considérable de la Grande-Bretagne, lord Rosebery, à la veille des élections municipales de Londres, ne craignait pas, dans une réunion publique, de se préoccuper des mesures à prendre pour la construction de maisons ouvrières. Il déclarait que c'était là une question vitale; qu'il s'agissait de l'avenir même de la race anglaise. « On travaillera utilement pour elle, disait-il, en ayant souci de tous ceux qui s'étiolent, s'avilissent et se déshonorent dans d'immondes logis et par ces immondes logis mêmes. »

Pensons, nous aussi, à la race française et si tous, depuis les pouvoirs publics jusqu'aux simples particuliers, dans la sphère de leurs attributions, ont conscience du devoir social à remplir, soyons sûrs que lorsque viendra sous une forme quelconque après une nouvelle période de dix années écoulées l'occasion pour la France de soutenir de nouveau la comparaison avec les nations étrangères soyons sûrs qu'elle aura su ne pas s'attarder et rester au premier rang de celles qui servent partout avec une inébranlable fidélité la cause supérieure du progrès et de l'humanité.

# ANNEXE I

## TABLEAU DES RÉCOMPENSES DÉCERNÉES

| NATIONS | NOMBRE | | GRAND PRIX | MÉDAILLES | | | MENTIONS honorables |
| | Exposants | Récompenses | | Or | Argent | Bronze | |
|---|---|---|---|---|---|---|---|
| France. . . . . | 91 | 79 | 0 | 32 | 24 | 9 | 8 |
| Allemagne . . . | 55 | 46 | 6 | 6 | 12 | 8 | 14 |
| Autriche. . . . . | 3 | 1 | 0 | 1 | 0 | 0 | 0 |
| Belgique . . . . | 14 | 9 | 2 | 4 | 1 | 1 | 1 |
| Danemark . . . . | 1 | 1 | 1 | 0 | 0 | 0 | 0 |
| Espagne . . . . . | 1 | 0 | 0 | 0 | 0 | 0 | 0 |
| Etats-Unis . . . . | 13 | 9 | 2 | 3— | 1 | 2 | 1 |
| Cuba . . . . . | 1 | 0 | 0 | 0 | 0 | 0 | 0 |
| Grande-Bretagne . | 5 | 5 | 1 | 2 | 0 | 1 | 1 |
| Hongrie . . . . . | 6 | 6 | 0 | 3 | 2 | 1 | 0 |
| Italie . . . . . . | 4 | 3 | 0 | 0 | 2 | 0 | 1 |
| Pays-Bas . . . . . | 2 | 1 | 0 | 1 | 0 | 0 | 0 |
| Portugal . . . . . | 1 | 0 | 0 | 0 | 0 | 0 | 0 |
| Roumanie . . . . | 1 | 1 | 0 | 0 | 1 | 0 | 0 |
| Russie . . . . . . | 70 | 50 | 2 | 19 | 9 | 10 | 10 |
| Suède . . . . . . | 3 | 2 | 0 | 1 | 1 | 0 | 0 |
| Suisse . . . . . . | 1 | 1 | 0 | 1 | 0 | 0 | 0 |
| | 272 | 214 | 20 | 73 | 53 | 32 | 36 |

# ANNEXE II

## RÉCOMPENSES DÉCERNÉES AUX COLLABORATEURS.

### GRAND PRIX

Lepreux. — Caisse générale d'Épargne. — Belgique.

### MÉDAILLES D'OR

Messel. — Société d'épargne et de construction de Berlin. — Allemagne.

Meerens. — Caisse générale d'Épargne, de retraite et d'assurances. — Belgique.

Weiller (Laurence), — Comité des habitations ouvrières, New-York. — États-Unis.

Bottger. — Société des habitations ouvrières à Copenhague. — Danemark.

*Rivette. — Le Coin du Feu, à Saint-Denis.*

*Jacquemard, — Comité départemental de Seine-et-Oise.*

*Beauchemin. — Comité départemental de Seine-et-Oise.*

*Landrivon. — Compagnie des mines de Roche-la-Molière et Firminy.*

*Larcher. — Hubin (Félix).*

*Logre (Jules). — Menier.*

*Rogneaux. — Société des forges de Trignac.*

*Germain. — Société anonyme de logements économiques.*

*Touzin. — Société bordelaise des habitations à bon marché.*

Stromberg (Général G.-A.). — Commission des États-Unis. — États-Unis.

Robert (Georges-A.). — Commission des États-Unis. — États-Unis.

*Dubois. — Société française des Habitations à bon marché.*

*Dupuy (Edmond). Société des habitations ouvrières d'Auteuil.*

*Souillart. — Société des habitations ouvrières d'Auteuil.*

*Avenelle. — Société rouennaise des maisons à bon marché.*

Lagasse de Locht. — Ministère de l'Industrie et du Travail. — Belgique.

Smekens. — Ministère de l'Industrie et du Travail (Office du travail). — Belgique,

Denis. — Ministère de l'Industrie et du Travail (Office du travail). — Belgique.

T'Serstevens, Troye. — Ministère de l'Industrie et du Travail (Office du travail). — Belgique.

Van Langendonck. — Ministère de l'Industrie et du Travail (Office du travail). — Belgique.

Obozinski. — Ministère de l'Industrie et du Travail. (Office du travail). — Belgique,

Queker (de). — Ministère de l'Industrie et du Travail. (Office du travail). — Belgique.

Francotte (Henri). — Caisse générale d'épargne, de retraite et d'assurances. — Belgique.

Schneider (Gustave). — Caisse générale d'épargne, de retraite et d'assurances. — Belgique.

Deprez Henin. — Caisse générale d'épargne, de retraite et d'assurances. — Belgique.

Wiliquet (Camille). — Caisse générale d'épargne, de retraite et d'assurances. — Belgique.

Lebacq (Ernest). — Caisse générale d'épargne, de retraite et d'assurances. — Belgique.

Waroqué (R.), administrateur délégué de la Société des charbonnages de Mariemont et Bascoup. — Belgique.

Sternberg (Geo-M.), président du Washington sanitary. — États-Unis.

Clissart (Nestor). — Caisse générale d'épargne, de retraite et d'assurances. — Belgique.

Velghe (Oscar). — Caisse générale d'épargne, de retraite et d'assurances. — Belgique.

Camille (Henry). — Caisse générale d'épargne, de retraite et d'assurances. — Belgique.

Legrand (Léon). — Caisse générale d'épargne, de retraite et d'assurances. — Belgique.

Thiébaut (Jules). — Caisse générale d'épargne, de retraite et d'assurances. — Belgique.

Dehaye (Firmin). — Caisse générale d'épargne, de retraite et d'assurances. — Belgique,

Lemineur (Emile). — Caisse générale d'épargne, de retraite et d'assurances. — Belgique,

Arnou (Albert). — Caisse générale d'épargne, de retraite et d'assurances. — Belgique.

Delférière (Firmin). — Caisse générale d'épargne, de retraite et d'assurances. — Belgique.

Caprasse (Edmond). — Caisse générale d'épargne, de retraite et d'assurances. — Belgique.

Jamar (Fernand). — Caisse générale d'épargne, de retraite et d'assurances. — Belgique.

Bidart (Alexandre). — Caisse générale d'épargne, de retraite et d'assurances. — Belgique.

Escaille (Pierre de l'). — Caisse générale d'épargne, de retraite et d'assurances. — Belgique.

Ceelen (Joseph). — Caisse générale d'épargne, de retraite et d'assurances. — Belgique.

Vander Dussen. — Caisse générale d'épargne, de retraite et d'assurances. — Belgique.

Poodts (Georges). — Caisse générale d'épargne, de retraite et d'assurances. — Belgique.

Parmentier (Edmond). — Caisse générale d'épargne, de retraite et d'assurances. — Belgique.

Pesch (Pierre). — Caisse générale d'épargne, de retraite et d'assurances. — Belgique.

Lefèvre (Ph.). — Caisse générale d'épargne, de retraite et d'assurances. — Belgique.

Wéry (Émile). — Caisse générale d'épargne, de retraite et d'assurances. — Belgique.

Leclerc (Léopold). — Caisse générale d'épargne, de retraite et d'assurances. — Belgique.

Malisoux (Émile). — Caisse générale d'épargne, de retraite et d'assurances. — Belgique.

Bosschaerts (J.). — Caisse générale d'épargne, de retraite et d'assurances. — Belgique.

Capouillet. — Compagnie d'assurances générales. — Belgique.

## MÉDAILLES D'ARGENT

Herwarth. — Bureau central de bienfaisance des ouvriers, à Berlin. — Prusse.

Kull. — Usines de matières colorantes, à Hoecht-sur-le-Mein. — Allemagne.

Houdez. — Caisse générale d'épargne, de retraite et d'assurances.
— Belgique.

Olsen. — Société des habitations ouvrières. — Danemark.

*Munsch. — Blanchisserie de Thaon.*

*Mathieu. — « Le Coin du Feu », à Saint-Denis.*

*Mosancé. — Comité départemental de la Sarthe.*

*Pédon. — Compagnie des mines de Roche-la-Molière et Firminy.*

*Kaeppelin. — David Adhémar et Maigret.*

*Pilardeau (E.). — Harmel frères.*

*Morel. — Hospices de Dunkerque.*

*Seneuze (G.). — Hubin (Félix).*

*Logre (Louis). — Menier.*

*Henry. — Schneider et C*ie.

*Landrevault.— Schneider et C*ie.

*Simon (Paul). — Société coopérative « le Foyer villeneuvois ».*

*Énaux (Louis). — Société des habitations économiques, à Saint-Denis.*

*Bret (Pierre). — Société de logements économiques, à Lyon.*

*Callet (Antoine). — Société des logements économiques, à Lyon.*

*Cahen. — Société bordelaise des habitations à bon marché.*

*Larrue. — Société bordelaise des habitations à bon marché.*

*Puaux (Adolphe). — Société des habitations ouvrières de Passy-Auteuil.*

*Bollaert (Félix). — Société des mines de Lens.*

*François (Émile). — Solvay et C*ie.

Henry (H.). — Ministère de l'Industrie et du Travail (Office du travail.)
— Belgique.

Langlois. — Ministère de l'Industrie et du Travail (Office du travail)
— Belgique.

Mahaim. — Ministère de l'Industrie et du Travail (Office du travail).
— Belgique.

Debandt. — Ministère de l'Industrie et du Travail (Office du travail),
— Belgique.

Poullet. — Ministère de l'Industrie et du Travail (Office du travail).
— Belgique.

Dehaye. — Ministère de l'Industrie et du Travail (Office du travail).
— Belgique.

Bauvais. — Ministère de l'Industrie et du Travail (Office du travail),
— Belgique.

Terwagne. — Ministère de l'Industrie et du Travail (Office du travail)
— Belgique.

Werbrouck. — Ministère de l'Industrie et du Travail (Office du travail). — Belgique.

Nçve. — Caisse générale d'épargne, de retraite et d'assurances. — Belgique.

Tibbaut. — Caisse générale d'épargne, de retraite et d'assurances. — Belgique.

Dupré de Courtray. — Caisse générale d'épargne, de retraite et d'assurances. — Belgique.

Tito (Auguste). — Caisse générale d'épargne, de retraite et d'assurances. — Belgique.

Montefiore Lévi. — Caisse générale d'épargne, de retraite et d'assurances. — Belgique.

Leruitte. — Caisse générale d'épargne, de retraite et d'assurances. — Belgique.

Demanet. — Caisse générale d'épargne, de retraite et d'assurances. — Belgique.

Rousseau (Hubert). — Caisse générale d'épargne, de retraite et d'assurances. — Belgique.

Boone (Alph.). — Caisse générale d'épargne, de retraite et d'assurances. — Belgique.

Boeten (Joseph). — Caisse générale d'épargne, de retraite et d'assurances. — Belgique.

Berlo (Joseph). — Caisse générale d'épargne et d'assurances. — Belgique.

Paquet (Th.). — Caisse générale d'épargne et d'assurances. — Belgique.

Gilson (A.). — Caisse générale d'épargne et d'assurances. — Belgique.

Nève (Émile). — Caisse générale d'épargne, de retraite et d'assurances. — Belgique.

Pètre (A.). — Caisse générale d'épargne et d'assurances. — Belgique.

Bonhideler (F. de). — Caisse générale d'épargne et d'assurances. — Belgique.

Lefebvre. — Caisse générale d'épargne et d'assurances. — Belgique.

Capell Ludgen (Joseph). — Caisse générale d'épargne, de retraite et d'assurances. — Belgique.

Franchimont (A.). — Caisse générale d'épargne, de retraite et d'assurances. — Belgique.

Villenfague (baron L. de). — Caisse générale d'épargne, de retraite et d'assurances. — Belgique.

Glaessens (Th. ). — Caisse générale d'épargne, de retraite et d'assurances. — Belgique.

Baillet (Albert). — Caisse générale d'épargne, de retraite et d'assurances Belgique.

Bayard. — Caisse générale d'épargne, de retraite et d'assurances. — Belgique.

Copréur (Henri). — Caisse générale d'épargne, de retraite et d'assurances. — Belgique.

Paret (Pierre). — Caisse générale d'épargne, de retraite et d'assurances. — Belgique.

Claes (Pierre). — Caisse générale d'épargne, de retraite et d'assurances. — Belgique.

Jageneau (Jean). — Caisse générale d'épargne, de retraites et d'assurances. — Belgique.

Ceulemans (Henry). — Caisse générale d'épargne, de retraites et d'assurances. — Belgique.

Baré (Eugène). — Caisse générale d'épargne, de retraite et d'assurances. — Belgique.

Bonhome (baron de). — Caisse générale d'épargne, de retraite et d'assurances. — Belgique.

Bounameaux (G.). — Caisse générale d'épargne, de retraites et d'assurances. — Belgique.

Van Vreckem (Ch.). — Caisse générale d'épargne, de retraite et d'assurances. — Belgique.

Van Leifferinge (Ch.) — Caisse générale d'épargne, de retraite et d'assurances. — Belgique.

Monfils (F.). — Caisse générale d'épargne, de retraite et d'assurances. — Belgique.

Noyersoen (Romain). — Caisse générale d'épargne, de retraite et d'assurances. — Belgique.

Pirotte (Achille). — Caisse générale d'épargne, de retraite et d'assurances. — Belgique.

Cosyn (Arthur). — Caisse générale d'épargne, de retraite et d'assurances. — Belgique.

Walthère Goffin. — Caisse générale d'épargne, de retraite et d'assurances. — Belgique.

Cleeren (Joseph). — Caisse générale d'épargne, de retraite et d'assurances. — Belgique.

Van Agt d'Hondt (F.). — Caisse générale d'épargne, de retraite et d'assurances. — Belgique.

Devos Loonus (A.). — Caisse générale d'épargne, de retraite et d'assurances. — Belgique.

Brouchoven (Ch. de). — Caisse générale d'épargne, de retraite et d'assurances. — Belgique.

Vermeersch (Hyacinthe). — Caisse générale d'épargne, de retraite et d'assurance. — Belgique.

Morciaux. — Compagnie d'assurances générales. — Belgique.

Kober (Geo-M.). — Washington sanitary. — États-Unis.

## MÉDAILLES DE BRONZE

Delahaye (A.). — Blanchisserie et teinturerie de Thaon.

Lenme. — Le Coin du Feu.

Griffon-Champenois (V.). — Harmel frères.

Potier. — Hospice de Dunkerque.

Loiseleur. — Larivière et $C^{ie}$.

Bonnardot. — Schneider et $C^{ie}$.

Quain. — Schneider et $C^{ie}$.

Chachignot (Henri). — Société coopérative « le Foyer villeneuvois ».

Hartin (Ch.) — Société coopérative « le Foyer villeneuvois ».

Beaudeau (Aug.). — Société coopérative « le Foyer villeneuvois ».

Henne (Émile). — Société des habitations économiques de Saint-Denis.

Dormoy. — Société coopérative « la Famille ».

Girard. — Société des mines de Lens.

Hees (Émile). — Société l'Union, à Roubaix.

Petit (Léopold). — Société l'Union, à Roubaix.

Haene (de). — Ministère de l'Industrie et du Travail (Office du travail). — Belgique.

Hanotiau. — Ministère de l'Industrie et du Travail (Office du travail). — Belgique.

Malherbe. — Ministère de l'Industrie et du Travail (Office du travail). — Belgique.

Pauwels. — Ministère de l'Industrie et du Travail (Office du travail). — Belgique.

Merveille. — Ministère de l'Industrie et du Travail (Office du travail). — Belgique.

Mabille (Valère). — Caisse générale d'épargne, de retraite et d'assurances. — Belgique.

Peltzer (E. de). — Caisse générale d'épargne, de retraite et d'assurances. — Belgique.

Clermont. — Caisse générale d'épargne, de retraites et d'assurances. — Belgique.

Lhoërt (Émile). — Caisse générale d'épargne, de retraite et d'assurances. — Belgique.

Snoy (baron G.). — Caisse générale d'épargne, de retraite et d'assurances. — Belgique.

Van Ham (Justin). — Caisse générale d'épargne, de retraite et d'assurances. — Belgique.

Mabille (Léon). — Caisse générale d'épargne, de retraite et d'assurances. — Belgique.

Semaille (Th.). — Caisse générale d'épargne, de retraite et d'assurances. — Belgique.

Drory (Arold). — Caisse générale d'épargne, de retraite et d'assurances. — Belgique.

Destamberg (Désiré). — Caisse générale d'épargne, de retraite et d'assurances. — Belgique.

Bruyn (Ed. de). — Caisse générale d'épargne, de retraite et d'assurances. — Belgique.

Van Winckel (Emile). — Caisse générale d'épargne, de retraite et d'assurances. — Belgique.

Caritat de Peruzzis (Eugène de). — Caisse générale d'épargne, de retraite et d'assurances. — Belgique.

Martens (Antoine). — Caisse générale d'épargne, de retraite et d'assurances. — Belgique.

Strick (Louis). — Caisse générale d'épargne, de retraite et d'assurances. — Belgique.

Delvoie (Joseph). — Caisse générale d'épargne, de retraite et d'assurances. — Belgique.

Pasquier (Alfred). — Caisse générale d'épargne, de retraite et d'assurances. — Belgique.

Quirini (Louis). — Caisse générale d'épargne, de retraite et d'assurances. — Belgique.

Briey (comte de). — Caisse générale d'épargne, de retraite et d'assurances. — Belgique.

Frognet (François). — Caisse générale d'épargne, de retraite et d'assurances. — Belgique.

Powis de Tenboscher. — Caisse générale d'épargne, de retraite et d'assurances. — Belgique.

Nagant (Gustave). — Caisse générale d'épargne, de retraite et d'assurances. — Belgique.

Coppée (Evence). — Caisse générale d'épargne, de retraite et d'assurances. — Belgique.

Gobjet (Fernand). — Caisse générale d'épargne, de retraite et d'assurances. — Belgique.

Destoop (C.). — Caisse générale d'épargne, de retraite et d'assurances. — Belgique.

Verhelst (Joseph). — Caisse générale d'épargne, de retraite et d'assurances. — Belgique.

## MENTIONS HONORABLES

Bastien. — Ministère royal prussien de la Guerre, à Berlin. — Allemagne.

Association de construction pour des travaux publics à Berlin (ouvriers et employés à Erfurt). — Ministère royal prussien des Travaux publics. — Allemagne.

Pommer. — Société par actions de construction de Galdbach. — Allemagne.

Société d'épargne et de construction. — Ministère royal prussien des Travaux publics. — Allemagne.

Adam. — *Le Coin du feu.*

Lamarre. — *Le Coin du feu.*

Godgfroy (Alexandre). — *Harmel Frères.*

Rigault (Eugène). — *Société des habitations économiques de Saint-Denis.*

Danel (Louis). — *Société des mines de Lens.*

Noël (Émile). = *Société des mines de Lens.*

Delgatte (Jules). — *Société des mines de Lens.*

Hubert-Nesplont. — *Société l'Union, à Roubaix.*

Cavelier (Alphonse). — *Société « l'Union », à Roubaix.*

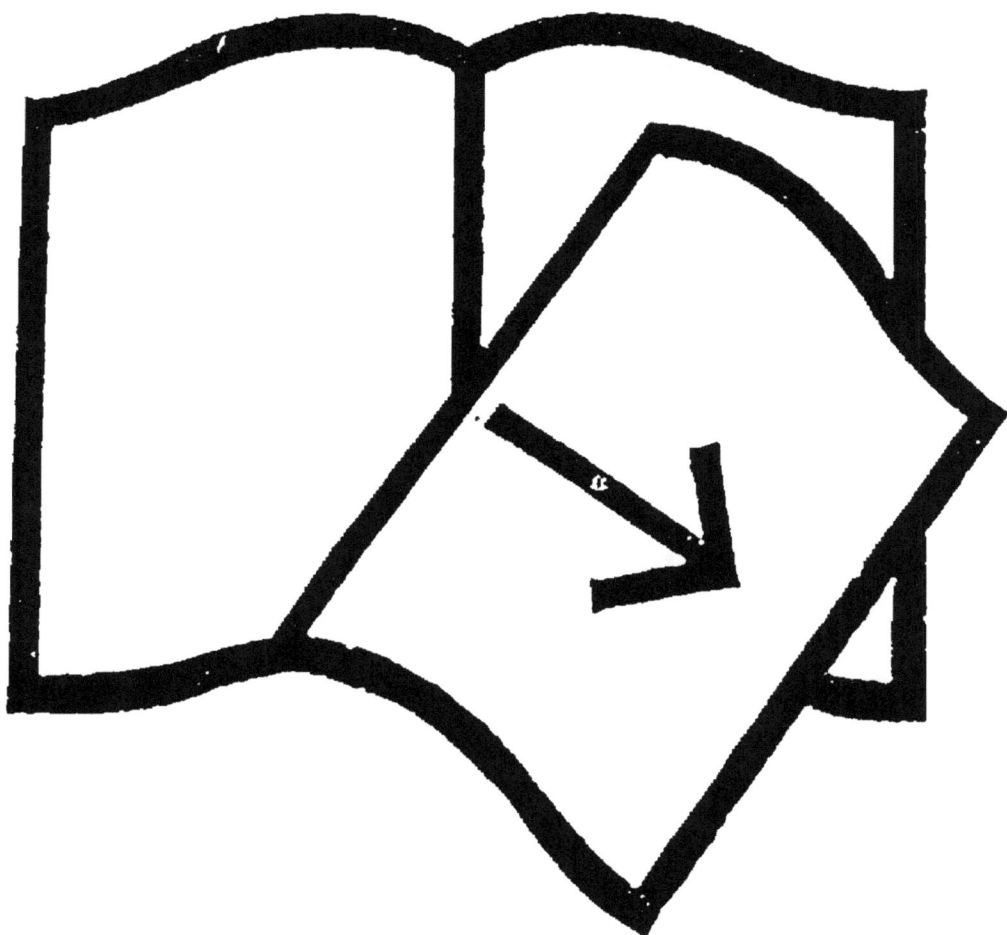

Documents manquants (pages, cahiers...)

NF Z 43-120-13

www.ingramcontent.com/pod-product-compliance
Lightning Source LLC
Chambersburg PA
CBHW050613210326
41521CB00008B/1229